100 ideas para que tus hijos te obedezcan

ANNE BACUS

100 ideas para que tus hijos te obedezcan

(sin gritos ni amenazas)

Traducción de
Montserrat Asensio Fernández

Círculo de Lectores

Índice

Introducción

La disciplina y la autoridad son una parte fundamental de la educación. Pero no la más fácil ni la más agradable. Aunque los niños siguen siendo los mismos, el mundo ha cambiado mucho, al igual que los métodos educativos. Las consecuencias positivas son evidentes en términos de comunicación, de respeto al niño o de apertura al mundo, pero esta transformación de las relaciones familiares también ha llevado a la desaparición de los límites. Sin embargo, fomentar el diálogo en la familia no es incompatible con el ejercicio de la autoridad.

Muchos padres se sienten perdidos y dudan de sí mismos. Se ven atrapados en un mar de instrucciones contradictorias. Los niños han tomado el poder y prohibirles algo se ha convertido en una misión casi imposible. ¿Es legítimo prohibir o exigir? ¿Cómo soportar con serenidad la agresividad y la insolencia de esos niños tan queridos? ¿Cómo enseñarles el valor del esfuerzo y del altruismo?

La frustración a dosis razonables aporta estructura. Los límites ayudan al niño a aprender a controlar sus impulsos. Si a los hijos se les transmite que los tenemos en cuenta y que les dedicamos tiempo y atención, aprenderá que frustrarse tampoco es tan grave. Amar también consiste en instaurar y hacer respetar las normas de la vida biológica (hay que comer de todo, lavarse los dientes, dormir, etcétera) y las normas de la vida en sociedad (familiares, culturales, sociales, etcétera). De otro modo, nuestros hijos no estarán preparados para el futuro que les aguarda.

Los niños necesitan imperiosamente que se los encuadre y se los oriente, sobre todo cuando son pequeños. Y eso es algo que requiere tiempo y paciencia. Los padres se enredan en batallas recurrentes en la vida cotidiana y se quejan de los conflictos interminables que no saben cómo atajar; sin embargo, sólo en raras ocasiones asumen su parte de responsabilidad en la situación.

Hace veinte años que estoy en contacto prácticamente a diario con padres de niños de todas las edades, que me hablan de su vida familiar y de las dificultades a las que se enfrentan. Son ellos quienes han ampliado y enriquecido mi reflexión. Y es también gracias a ellos que he podido diseñar varias técnicas concretas para conseguir que los niños obedezcan. Las encontrarás en este libro y podrás utilizarlas en una gran variedad de situaciones. Deberían ayudarte a: evitar que grites, enfadarte, repetir mil veces la misma petición o prohibición, entrar en debates, negociaciones y justificaciones interminables o estallar con gritos o azotes.

Los consejos que encontrarás aquí son sencillos y detallados y no requieren ninguna formación psicológica. Te parecerán muy simples y, en ocasiones, obvios. Son lógicos y coherentes: es precisamente ahí donde radica su eficacia.

Cada niño es distinto: lo que funciona con uno resultará ser inútil con otro. Los padres también son distintos y no se sentirán igual de cómodos con todas las técnicas. Por lo tanto, escoge de entre las 100 ideas la que mejor se adapte a la situación concreta que se te presente, a tu hijo y a tu cultura familiar.

Modo de empleo

- Lee algunos consejos.
- Escoge un par que te parezcan pertinentes para tu situación.
- Reflexiona sobre cómo podrías ponerlos en práctica.
- Ponlos en práctica durante bastante tiempo (como mínimo, tres semanas) y con convicción, para que el método tenga posibilidad de ofrecer resultados favorables y duraderos.
- Elabora un resumen del resultado.

El objetivo del libro es ayudar a los padres a recuperar el poder sobre sus hijos pequeños, para que puedan crecer en un entorno seguro, e instalar en casa un ambiente sereno en el que se viva a gusto.

Capítulo 1

¡Papá, mamá! ¡Confía en ti mismo!

1 Recupera la intuición

Ten siempre presente que el responsable de la educación de tu hijo eres tú, por lo que eres tú quien tiene la responsabilidad de decidir cómo abordarla.

Al igual que todos los padres actuales, habrás leído múltiples libros y artículos en revistas y en Internet sobre el arte y la manera de educar a los hijos. Habrás visto programas de televisión donde padres desbordados por su prole piden auxilio a un *coach* para que les resuelva el entuerto. Hay otros en los que los especialistas de renombre explican que no se debe gritar ni castigar, enfadarse, exigir, dar azotes... Todo se resuelve con una buena conversación. Por otro lado, tus propios padres y tus suegros te repiten que en su época, los niños iban por el camino recto y no se les permitía ni rechistar.

No es de extrañar que estés perdido... ¿Qué debes hacer? ¿Qué idea has de seguir? Sobre el papel, todos funcionan, pero con tu hijo todo es distinto.

El responsable eres tú

En «la vida real» hay momentos en los que uno quisiera esconderse bajo tierra: cuando tu hijo de dos años se escapa y cruza la calle corriendo y sin mirar porque ha visto un perrito en la otra acera..., cuando debes arrastrar por todo el supermercado a tu hija de tres años, que grita como si la estuvieras torturando sólo porque no has comprado los yogures que ella quería..., cuando el vecino de abajo se queja porque tu hijo de ocho años ha vuelto a jugar a baloncesto en la habitación que está sobre su dormitorio...

En estos momentos, cuando la gente te mira con desdén y desconfianza, si no con lástima, y cuando te inundan con consejos («Si fuera yo...») y críticas («No te lo tomes a mal, pero...») es cuando hay que detenerse unos instantes y pensar: «El responsable soy yo. Yo soy la madre, yo soy el padre. Soy yo quien decide lo que hay que hacer con mi hijo».

¿Cómo?

- Reflexiona sobre qué consideras adecuado y busca soluciones lógicas.
- Confía en ti mismo en tanto que adulto y en tanto que padre a cargo de un niño y de su futuro educativo.
- Confía en tu hijo: tenga la edad que tenga, puedes enseñarle a escuchar, a obedecer y a portarse bien.

Un amor «resistente»

Vuelves a casa por la tarde y te encuentras con que la botella de leche y el cuenco de cereales del desayuno siguen sobre la mesa de la cocina. ¿Qué te dice tu instinto? Tu hijo enciende por tercera vez consecutiva el televisor que tú has apagado otras tantas delante de él. ¿Qué te dice el sentido común? A veces, es importante «hacerse notar», otras vale más repetir la norma y, en algunas ocasiones, es preferible dejarlo pasar.

¿Por qué?

Sí, cierto, adoramos a nuestros hijos. Sin embargo, debemos ser conscientes de que si ese amor no viene acompañado de cierta firmeza, estamos abocados a la catástrofe. Precisamente porque los queremos, tenemos el profundo convencimiento de que la exigencia no los perjudica. Por mucho que nos cueste no ser siempre la «mamá a la que quiero de todo corazón» o no oír «Gracias, papá, eres genial».

Hay padres que consiguen que sus hijos los obedezcan con tan sólo mirarlos o hacerles una señal; entonces, ¿por qué no habrías de conseguirlo tú, con normas sencillas y repetidas con frecuencia y constancia? ¿Por qué no habrías de conseguir que tus hijos se porten bien y dé gusto convivir con ellos?

2 Encuentra tu estilo educativo sin compararte con los demás

Si has reflexionado sobre el tema y has tomado una decisión, mantente firme, por mucho que tu hijo compare y critique, por mucho que los padres de tu entorno lo hagan de otra manera, por mucho que les parezcas anticuado... ¡No puedes complacer a todo el mundo!

Entre lo que sucede en casa de los otros padres (que nuestros hijos se apresuran a explicarnos) y los consejos de las personas cercanas a nosotros, es muy fácil perder la compostura. Aunque tampoco se trata de criar a nuestros hijos como nos criaron a nosotros, es posible que conviniera que recuperásemos algunas ideas. ¡El mundo ha cambiado muchísimo en treinta años! Pero ¿qué decisión tomar ante la variedad de modelos y de consejos?

Los distintos estilos educativos

El modo de educar a los hijos evoluciona a lo largo de los años y en función de las modas imperantes. En la actualidad, coexisten varios modelos educativos:

- El **modelo autoritario**, tradicional y jerárquico. El jefe de familia lo decide todo y para todos. Aplica las reprimendas y los castigos. Domina a los niños, que viven con miedo. Las prohibiciones incesantes generan sentimientos de culpa y actitudes de defensa, sumisión o rebeldía.
- El **modelo permisivo**. Ya no es el adulto, sino el niño, quien decide sobre su propia vida. Es su propio jefe. Todo son sugerencias: no se le impone nada, ni siquiera acabarse la comida o acostarse a una hora concreta. Desde fuera, el niño educado de este modo suele parecer expresivo, pero interiormente está ansioso. Es imposible que se sienta seguro, porque no siente que haya adultos «a cargo» de él.

- El **modelo de la «autoridad ilustrada»**. Los padres adoptan una actitud firme, pero se muestran dispuestos a escuchar. Demuestran un amor incondicional y saben cómo comunicar desde el respeto y cómo hacerse entender por el niño, pero también son capaces de exigir o de prohibir cuando es necesario. Éste es el modelo sobre el que se basa este libro.

«¡Los padres de mi amigo son mejores!»

Ojalá sólo tuviéramos que lidiar con los consejos y los comentarios de los demás... Por desgracia, nuestros hijos también nos comparan y, por lo general, no salimos demasiado bien parados. Al parecer, en casa de los demás, uno puede acostarse a las nueve en lugar de a las ocho, se puede saltar en la cama, la semanada es más generosa, no hay que ayudar a quitar la mesa ni dar explicaciones de adónde se va, y un largo etcétera.

Esto hace que nos cuestionemos nuestra manera de proceder, y es fantástico, porque es una oportunidad para hablar con los hijos y dejar que cada uno defienda su punto de vista. Sin embargo, **son los padres quienes deben decidir las normas que rigen en casa.**

¿Por qué?

Recuerda que, antes de satisfacer a tus hijos, **tienes la obligación de educarlos para el futuro, de hacerlos fuertes y de protegerlos.** Eres tú quien debe tomar las decisiones y quien debe hacer que se respeten una vez tomadas. Si es necesario, explícalas con tranquilidad y sentido del humor, pero sé constante.

3 No tienes que hacer nada para que te quieran

Querer a los hijos, respetarlos y ayudarlos a crecer supone aplicar las normas y las prohibiciones con firmeza y enseñarles a controlar los impulsos.

Nuestros padres y abuelos no tenían la menor duda: sus hijos los querían, por severos que fueran, sencillamente por eso, porque eran sus padres. Y tenían razón. Los niños quieren y protegen incluso a los padres que los maltratan... ¿Cómo no van a querer a los que los tratan con afecto?

Recuerda: no hace falta que hagamos nada para que nos quieran.

¿Por qué los padres de hoy tienen miedo a perder el amor de sus hijos?

Hay varias razones. Por un lado, vivimos en una sociedad construida sobre la rivalidad y el individualismo, pero también están las numerosas separaciones de parejas, que pueden hacer que uno de los progenitores tema que el niño quiera más al otro; o la soledad de muchos adultos, cuya única fuente de ternura y de amor son sus hijos...

¿Qué riesgo entraña creer que hay que hacer algo especial para conseguir que nuestros hijos nos quieran?

El riesgo es que podemos acabar sustituyendo la autoridad por la seducción. En lugar de dar una instrucción clara al niño, apelamos a su buena voluntad: «¿Podrías irte a dormir, por favor?». Pues no, no puede. Ni con favor ni sin favor.

«¿Me harías el favor de cepillarte los dientes?» De nuevo, no. Uno no se cepilla los dientes para hacerle un favor a papá o a mamá, sino para tener dientes fuertes y sanos.

Es lo que afirma Luc Ferry cuando nos explica que lo que guía la educación que damos a nuestros hijos es el amor más generoso. «Aunque el amor no puede sustituir ni a la ley ni a los actos, en la actualidad tiende a ocupar su lugar con demasiada frecuencia. Sin embargo, es también por amor por lo que corregimos la dirección y entendemos que sin la ley y los actos, es decir, sin la autoridad y el conocimiento, no los dotamos de las herramientas que necesitan para afrontar el mundo y encontrar en él un lugar más seguro.»[1]

1. Ferry, L., *La Révolution de l'amour*, París, Plon, 2010 [*Sobre el amor*, Barcelona, Paidós Ibérica, 2013].

4 Ten la seguridad de que amar muchísimo no es perjudicial

Pretender que nuestros hijos nos quieran a toda costa socava la autoridad, pero quererlos de todo corazón no supone ningún inconveniente.

Las relaciones familiares actuales se fundamentan más sobre el afecto que sobre el respeto, el deber o el espíritu de familia. ¿Y por qué no habría de ser así?

El niño necesita sentirse querido

No se trata ni de «pegarse» al niño ni de intentar satisfacer mutuamente las necesidades de afecto, sino, sencillamente, de expresar las emociones y el compromiso. **El niño necesita sentirse querido tal y como es, incondicionalmente y haga lo que haga.** Para adquirir confianza en sí mismo, crecer y desarrollar su personalidad debe sentirse precioso y único a ojos de sus padres.

El niño no «se echa a perder» ni por el amor que se le demuestra, ni por las palabras dulces que se le dicen ni por la admiración que se le transmite. Muy al contrario.

En cambio, lo que sí puede perjudicarlo es que ese amor impida el ejercicio de la autoridad o que las demostraciones de afecto acaben por reforzar una mala conducta.

Nunca se quiere demasiado a los hijos, pero sí que se les puede querer mal

Tu hijo lleva diez minutos lloriqueando porque quiere un caramelo. Al principio, le dices que no y justificas tu negativa con buenos argumentos. Sin embargo, al cabo de un rato, cansado de resistir, se lo das. ¿Por qué digo que esto es querer mal? Por dos motivos fundamentales: porque no le has dado el caramelo para contentarlo, sino para comprar la paz y en contra de tus propios argumentos. Y porque le enseñas a tu hijo que, si lloriquea, consigue lo que quiere. Y eso refuerza la conducta.

5 Asume, tranquiliza y está presente

A nuestros hijos se les da mucho mejor que a nosotros disfrutar del presente: para comprobarlo, basta con detenerse unos momentos y unirse a ellos en la magia del instante. Cada segundo es valioso por sí mismo.

Los niños necesitan pasar tiempo con sus padres. Parece un consejo muy sencillo. ¿Por qué recalco la evidencia? Porque la sociedad está organizada de tal modo que incluso a los padres con la mejor voluntad les cuesta pasar suficiente tiempo de calidad con sus hijos.

Estar presente

Todos debemos repartirnos entre nuestras responsabilidades profesionales, familiares, domésticas, conyugales y personales. Llegar a todas partes es toda una hazaña. Querer hacerlo todo a la perfección, una utopía. Hay que elegir.

¿Por qué?

Me encuentro a diario con padres que me piden consejos educativos. Su hijo es ingobernable, su hija muy caprichosa... ¿Qué pueden hacer? Hay soluciones, sí, pero ¿cómo van a aplicarlas si no llegan a casa hasta las ocho de la tarde, si confían a sus hijos a guarderías o canguros durante el día y a los abuelos durante las vacaciones?

¿Cómo?

No se trata de que uno de los progenitores sacrifique su vida profesional para quedarse en casa. Sencillamente, se trata de garantizar que los niños tengan acceso suficiente a los padres, a adultos disponibles que se tomen el tiempo de sentarse a escuchar sus preocupaciones y sus confidencias. El tiempo de compartir actividades y de disfrutar juntos. Así se forjan vínculos y uno puede enfadarse, cuando toca, sin tener la impresión de vivir en un enfado permanente.

Estar «en el presente»

Los padres suelen estar en cualquier sitio menos en el presente. «¿Qué habéis hecho hoy en clase?» o «¡Si sigues así, llegarás tarde!». Por el contrario, los niños viven plenamente en el presente. Pasan menos tiempo lamentándose por el pasado o preparándose para el futuro y mucho más disfrutando y maravillándose de lo que los rodea. Saben instintivamente que una vida feliz es una sucesión de momentos únicos que hay que experimentar, so pena de verlos desaparecer para siempre. Para ellos, «mañana será mejor que hoy» o «estaremos bien cuando...» no significa nada.

¿Cómo?

¿Una hormiga está tomando por asalto la estantería? ¿Y si hablar de ello fuera mucho más importante que el hecho de que tu hijo no se haya terminado la verdura? Estás colocando en equilibrio la última pieza de la torre: eso merece retrasar unos minutos la hora del baño. Tiene ganas de jugar a las cosquillas: ¡la película puede esperar!

Disfrutar del instante consiste en ser capaz de detenerse y mirar alrededor durante unos minutos. Tú eres su madre, su padre, y ellos están cerca de ti... Ahí, justo ahora, sin cambiar nada... ¿No crees que la felicidad es precisamente esto?

6 Apóyate en un vínculo sólido

Los niños, y más aún si son pequeños, necesitan una gran cantidad de atención positiva y de aliento.

¿Cuál es la clave del éxito educativo? ¿Qué hace que sea fácil para los padres? La relación, el apego profundo y sólido que el niño forja con sus padres. El apego que siente el niño por el adulto permite que este último lo eduque y le enseñe. La autoridad depende de la solidez de la relación.

Valora el apego

Todos los seres humanos tenemos el objetivo de ser autónomos. Sin embargo, para ello es necesario haber contado con un contexto de apego.

¿Por qué?

En una primera fase, el apego propicia la dependencia (hasta la adolescencia); luego, favorece la independencia. Incluye la confianza, el afecto y el respeto recíprocos.

El apego es un concepto amplio y fundamental, presente en todos los seres humanos. Es un impulso que se caracteriza por la búsqueda de una relación sólida y del mantenimiento de la proximidad.

Y es el apego lo que permite el proceso educativo. Por un lado está el que cuida; por el otro, está el cuidado, que depende del más fuerte y que busca ayuda y atención.

Cuando el niño está apegado a su padre o a su madre, sabe que no lo castiga ni le niega deseos por capricho, sino porque no le parece bien dejar que se comporte de ese modo. El niño siente que sus padres están de su lado. Entiende que cuando se enfrentan a él es porque consideran que es su deber como padres. Sabe que puede acudir a ellos cuando tiene problemas o está triste: no se reirán de él ni lo rechazarán.

Finalmente, el apego es lo que permite que nos soportemos mutuamente. El apego que sentimos hacia los hijos es lo que permite que sigamos ocupándonos de ellos con afecto y paciencia, incluso cuando se muestran desagradables. Y es el apego que sienten hacia nosotros lo que hace que busquen nuestra compañía a pesar de que frustramos con frecuencia sus deseos y caprichos.

Compartir

Compartir el tiempo, juegos, actividades deportivas o artísticas y tareas domésticas refuerza el apego.

¿Cómo?

Unas veces se trata de divertirse y de reír juntos; otras, de esforzarse y de dejarse la piel. Así se forjan vínculos sólidos. Cuando dos personas son capaces de jugar a las cartas sin pelearse, de bajar por una pista de esquí difícil y esperarse, de montar un armario, de vibrar juntas durante un partido, de ir a tomar un helado... ¡es que están verdaderamente apegadas!

A todos los niños les gusta pasar un rato agradable a solas con uno de sus progenitores. La actividad dependerá de las preferencias y de las capacidades del niño: es la ocasión perfecta para que el padre o la madre le ofrezca atención positiva y lo haga sentirse valorado.

Atención positiva

El niño necesita atención. Es una necesidad básica. Si recibe atención y manifestaciones de amor, es más feliz que un rey.

¿Cuándo?

Cuando el niño manifiesta una conducta agradable y la relación es buena, es muy importante ofrecerle una atención positiva: así evitamos que la busque de otro modo.

Si siente (y, como en el resto de situaciones, lo que siente es mucho más importante que la verdad objetiva) que si se porta bien nadie le hace caso, se desmelenará. Prefiere movilizar a sus padres con conflictos y oposición que sentirse invisible.

¿Por qué?

Para sentirse valioso, el niño debe satisfacer la necesidad de pertenencia (a la familia, sobre todo). Sin embargo, esto sólo es posible si recibe mucha atención. Algunos niños, menos seguros de sí mismos o del amor de sus padres, hacen todo lo que pueden por recibir una atención constante y por tener a los adultos permanentemente ocupados con ellos. Sin embargo, el adulto se irrita y se siente invadido y culpable al mismo tiempo. Se enfada y exige al niño que cese en su comportamiento. Y el niño lo hace, pero retoma rápidamente la misma conducta irritante u otra muy parecida. Prefiere que lo riñan a que no le hagan caso.

7 Acepta que debes cambiar

Si te das cuenta de que una misma situación se sucede un día tras otro, de que tus palabras no sirven de nada y de que repites lo mismo decenas de veces sin que te hagan caso y acabas gritando, ha llegado el momento de cambiar de sistema.

Cuando la situación parece estar estancada, a veces son los padres quienes deben cambiar.

¿Por qué?

Porque el niño no cambiará. Y si no pasa nada o no hay cambios, la situación puede empeorar.

Quien tiene el problema es quien debe cambiar

Harun, de ocho años de edad, se hace el remolón en la cama. «¡Vamos, espabila, vas a llegar tarde!» Cinco minutos después: «Levántate y lávate la cara rápido o no tendrás tiempo de desayunar». Tras otros cinco minutos: «¡Como no te levantes inmediatamente me vas a oír!». ¿Esta situación te suena de algo?

¿Quién tiene el problema?

El padre. El niño se hace el remolón en la cama y gana unos minutos a cambio de algunos reproches. Sabe que, como cada mañana, se levantará y se irá al colegio con una barrita de cereales en el bolsillo. El padre, por su parte, se siente ineficaz. Quiere que el niño cambie, pero no lo consigue.

En este caso, sólo hay una solución posible: los padres deben modificar su conducta, en lugar de esperar a que sea el niño quien lo haga.

¿Cómo?

La solución puede consistir, sencillamente, en comprar un despertador.

O el padre podría dejar que Harun llegase tarde al colegio una mañana y asumiera las consecuencias (véase el consejo 86).

Padres e hijos interactúan constantemente

No esperes que tu hijo cambie para agradarte o porque tú se lo pides: en el mejor de los casos, lo hará una vez, porque tus gritos acabarán por hacer efecto, pero no tardará en recuperar su costumbre, más atractiva o más cómoda que lo que tú le exiges. Las mismas causas producen los mismos efectos, por lo que la situación conflictiva se reproducirá una y otra vez.

A no ser que cambies las reglas del juego. Padre e hijos son como dos ruedas de un engranaje: si una se mueve, la otra no tiene más remedio que moverse también. Tú eres el adulto, el responsable, el que tiene la experiencia. Por lo tanto, eres tú quien debe dar un paso atrás y analizar la situación. Entonces, podrás ver qué la mantiene a pesar de que supone un inconveniente para todos y para la atmósfera general. Sólo te quedará averiguar qué puedes hacer para detener el mecanismo tan bien engrasado del conflicto cotidiano... y hacerlo. Cueste lo que cueste.

Si tú cambias el entorno y la situación, tu hijo también cambiará.

8 Detecta y respeta tus propios límites

«Cuando volvía a casa por la tarde, después del trabajo y del trayecto en metro, bastaba con muy poco para hacerme estallar. Y encontré la solución: cuando llego, me ducho y me cambio. Sólo entonces estoy disponible para las necesidades de los demás... Los niños han entendido que necesito mi momento y lo respetan.»

Una madre

Todos tenemos un «punto de ruptura», un límite más allá del cual ya no respondemos de nada; y mucho menos de nosotros mismos.

Este «punto de ruptura» varía en función de la persona y del momento. Depende de la personalidad de cada uno, de la paciencia y de la capacidad de «absorción», del nivel de estrés, del cansancio, de la duración del conflicto, etcétera.

Aprende a darte cuenta de que te acercas a tu «punto de ruptura» personal

Cuando los gritos, los enfados e incluso algún azote que otro se convierten en la norma, por lo general sabemos cuándo pasará o qué lo desencadena.

Hay padres que funcionan igual que una olla exprés: acumulan cada vez más presión, porque reprimen el enfado, y acaban explotando sin que el niño se lo espere. Otros son más previsibles: saben que van a explotar y lo hacen saber con antelación.

Sea cual sea tu estilo, es fundamental que sepas dónde está tu límite.

¿Por qué?

Un padre que pierde los papeles y no se controla no está en condiciones de educar a nadie. Cuando notes que la presión aumenta, lo mejor es dejarlo estar de momento, distraerse o incluso salir a tomar el aire un rato.

9 Aprende qué puedes esperar de tu hijo

Para educar bien a los hijos es indispensable conocer bien su proceso de desarrollo.

Conocer al niño permite saber qué podemos esperar razonablemente de él, qué responsabilidades puede asumir y qué grado de autonomía necesita.

Ten en cuenta la edad del niño

Con frecuencia, cometemos el error de esperar del niño más de lo que permiten su edad o su nivel de desarrollo.

Si sabemos con exactitud qué le podemos exigir al niño, no le reprocharemos que no haga un esfuerzo del que todavía no es capaz.

¿Por qué?

Saber con exactitud cómo es un niño de una edad determinada nos permite diferenciar entre las conductas que podemos «dejar pasar», porque son normales a esa edad y desaparecerán por sí solas, y las que son realmente inaceptables y sobre las que debemos ejercer una presión educativa.

¿Cuál es el problema?

Esperar que un niño de tres años se comporte correcta y pacientemente durante lo que dura una comida de adultos es absurdo. En el restaurante, es normal que el niño de tres años patalee, intente bajar de la silla, tire el tenedor al suelo, etcétera. En un caso así, el niño no tiene culpa de nada. Son los padres quienes deben anticipar la situación y adaptarse a la edad de su hijo. Por el contrario, durante una comida familiar «normal», el niño de tres años ya sabe que no puede subirse a la mesa y que no se come con las manos (aunque aún lo haga en ocasiones).

Tener en cuenta la edad del niño también significa que no podemos esperar lo mismo de un niño de cinco años que de su hermano de ocho, por injusto que le pueda parecer al segundo.

No anticipes la edad de la razón

El otro día iba en tren y oí a una madre hablar así a su hijo, que tendría unos cuatro años: «Pero bueno, piensa un poco. ¿No ves que no puedes sentarte en el pasillo? No dejas pasar a la gente. Vamos, sé razonable, ¡te vas a ensuciar!».

¿Cuál es el problema?

A los cuatro años no se es «razonable». La edad de la razón no se alcanza hasta los siete u ocho años. A los cuatro, seguro que no. A esta edad, el niño sólo es sensible a su propio placer y a lo que a su madre le gusta o le molesta. No decide su conducta sobre la base de ningún razonamiento, por lógico que sea. Tampoco es capaz, todavía, de ponerse en el lugar de los demás ni de pensar que su conducta pueda molestarlos.

Esto es muy importante, porque pone a los padres en un aprieto. Se les ha dicho que deben hablar con sus hijos, que hay que explicarles el por qué y el cómo de las cosas, que lo entienden todo... Y sí, no cabe duda de que lo entienden, pero eso no significa que vayan a obedecer. El niño abandona una conducta porque se le exige que lo haga, no gracias a un razonamiento intelectual y argumentado, por convincente que sea...

Esto, claro está, no significa que no debamos explicarnos. Sin embargo, si hemos intentado en vano razonar con el niño y éste persiste en su actitud inadecuada, debemos cambiar de técnica para que nos haga caso.

El niño pequeño no es responsable: reacciona en función de lo que es, de un estado que es suyo. No sirve de nada recriminárselo ni enfadarse con él.

Ten en cuenta su temperamento

De un niño a otro puede haber diferencias inmensas y sería muy injusto no tenerlo en cuenta. Es posible que haya niños de cinco años capaces de quedarse sentados sin moverse durante diez minutos, pero para otros puede ser una misión imposible. No podemos esperar lo mismo de niños remolones, activos, tranquilos, exigentes, movidos, rebeldes, hiperactivos o coléricos. Hay niños que, desde pequeños, son más «difíciles» que otros. Y debemos tenerlo en cuenta.

Entender el carácter de tu hijo te ayudará a encontrar las técnicas de disciplina más apropiadas y, por lo tanto, más eficaces. Si te adaptas a las cualidades específicas de tu hijo, te será más fácil enseñarle a comportarse.

Para terminar, entender el carácter de tu hijo te permitirá conocer (a partir de haber entendido el tuyo), qué te resulta tan insoportable del mismo.

10 Descubre cómo piensa tu hijo

Los niños no piensan como los adultos.

Cuando la medimos con criterios adultos, la conducta de los niños nos parece absurda. Por lo tanto, no sirve de nada intentar entenderla desde nuestras conductas adultas, maduras y experimentadas.

El niño pequeño no tiene conciencia del tiempo: está inscrito en el presente y sólo actúa en función de lo que conoce. Suele obedecer a sus impulsos y no percibe las necesidades que a nosotros nos parecen evidentes: ir a trabajar, dormir, comer pescado... Puede estar totalmente convencido de que hay monstruos debajo de su cama.

Sus expectativas, necesidades y prioridades son distintas

Los niños quieren	Los padres prefieren
Divertirse constantemente si es posible, aunque estén comiendo, caminando...	Momentos de responsabilidad distintos a los del juego, para que se hagan la cama o estudien.
Jugar cuanto más tiempo sea posible.	Colocar los deberes como primera prioridad y los juegos de ordenador, a la cola.
A sus padres para ellos todo el tiempo.	Disponer de tiempo para sí mismos.
Mirar la televisión.	Ver a sus hijos con un libro en las manos.
Que sus padres se ocupen de ellos constantemente, incluso aunque deban provocar conflictos para conseguirlo.	Pasar tiempo de calidad, tranquilo y afectuoso con sus hijos, aunque sea escaso.
Muchas cosas, como un coche de juguete o un caramelo, y lo quieren ya.	Esperar al momento adecuado, como los Reyes o la hora del postre.

Las palabras no significan lo mismo para ellos que para nosotros

«¡Espera un minuto!» son sesenta segundos para un niño. Para los padres, es el tiempo que haga falta para terminar lo que estén haciendo y estar disponibles para su hijo.

«Inmediatamente», para los padres es «inmediatamente». Para el niño significa «en cuanto acabe el dibujo».

«Ordenar», para los padres significa devolver cada cosa a su lugar de origen, a la estantería, a la caja... Para los niños, significa que el desorden no se vea. Para los padres, ordenado equivale a bonito. Para los niños, ordenado equivale a aburrido.

«No», para los padres significa «déjalo ya». Para el niño es un desafío...

El niño vive en el momento

Cada niño tiene su propio temperamento, claro está, pero si hay algo que los caracteriza a todos es su absoluta falta de paciencia. Lo quieren todo ahora. Otra característica importante es la visión a corto plazo: si al niño le gustan los caramelos, no conseguiremos convencerlo de que no se los coma diciéndole que dentro de unos años le saldrán caries.

Estas diferencias son normales. Justifican tanto la necesidad de la educación como el tiempo que exige. Por lo tanto, no se trata de convertirlas en un problema, sino de tenerlas en cuenta a la hora de expresarnos y de formular expectativas.

11 Poneos de acuerdo en lo esencial

Las discusiones para aclarar desacuerdos entre los progenitores y para definir las normas comunes deben llevarse a cabo con calma y lejos de las crisis. Y, sobre todo, jamás delante del niño.

No resulta nada fácil ponerse de acuerdo en todo lo que concierne a la educación de los hijos, porque depende mucho de la historia personal de cada progenitor. El padre y la madre no son iguales, por lo que es normal que cada uno reaccione de forma diferente. Y esta diferencia puede ser muy enriquecedora: al igual que sucede con la música, un mundo en «estéreo» es mucho más rico y refleja mucho mejor la diversidad de la vida que un mundo en «mono».

Sin embargo, la disciplina no funcionará nunca si uno critica o retira el castigo que ha impuesto el otro...

Hablad con una sola voz

Resulta mucho más fácil que nos hagan caso e instaurar una disciplina cuando estamos de acuerdo como mínimo en lo esencial. Cuanto más pequeño sea el niño, más importante es estar de acuerdo y hablar con una sola voz. Cuando crezca, podrá entender que haya diferencias de opinión entre los padres. Lo fundamental es no dejar nunca que el niño pueda utilizar a un progenitor en contra del otro.

Si vivís separados, ponerse de acuerdo sobre las normas básicas válidas en ambos hogares y sobre las consecuencias en caso de transgresión resulta aún más difícil. Sin embargo, el esfuerzo vale la pena.

No os desautoricéis mutuamente

Evita desautorizar al otro progenitor delante del niño. Exclamaciones como «¡No le grites así!» o «¡Al menos podrías impedir que lo hiciera!»

colocan al otro en una posición desde la que el ejercicio de la autoridad es imposible.

Lo mejor es dejar que quien descubra la «travesura» o el mal comportamiento se encargue de resolver la situación como crea conveniente. El niño debe entender que las decisiones que tome esa persona serán respetadas. Si cabe la crítica entre adultos, debe hacerse en otro momento y en otro lugar.

Esto sigue siendo cierto si la persona o la entidad que cuida a tu hijo hace un comentario o lo castiga. Muéstrate de acuerdo y sé solidario con la decisión del otro adulto. Eso no significa que, luego, no podáis hablar en privado para esclarecer qué ha sucedido o manifestar que las consecuencias te parecen demasiado severas.

¿Y en público?

Si alguien, en el cine o en el tren, le pide a tu hijo que haga menos ruido y tu hijo acude a ti, dile sin dudar que «la señora tiene razón. Intenta tranquilizarte un poco y haz menos ruido».

El niño pequeño necesita sentir que los adultos son coherentes y que están de acuerdo sobre lo esencial en relación a lo que significa «portarse bien» o «ser bien educado».

12 Elimina las prisas y el estrés

Incluso cuanto tenemos prisa, actuar con calma resulta mucho más eficaz.

Las crisis de oposición del niño no estallan en cualquier momento o contexto. Son mucho más habituales cuando el ambiente está tenso y estresante.

¡Más despacio!

Recuperar un ambiente relajado y menos conflictivo en casa suele pasar por una modificación importante de la atmósfera general. Cuanto más acelerados y presionados estén los adultos, más nerviosos se pondrán. Y cuando los niños perciban a sus padres en este estado, se resistirán más.

Por lo tanto, una de tus tareas consiste en eliminar, en la medida de lo posible, «el estado de emergencia» en casa. Si reflexionas sobre ello, te darás cuenta de que, en general, se trata más de un estado de estrés generalizado y de un estado de ánimo que de limitaciones de tiempo reales. Hace unos años, se llevó a cabo una encuesta que concluyó que una de las palabras que los niños pequeños oyen con más frecuencia es: «¡Espabila!». Espabila y vístete, ven a la mesa, acaba de comer...

¿Cuál es el problema?

La sensación de urgencia nos lleva a proyectarnos al futuro en lugar de centrarnos en el presente, donde nos daríamos cuenta de que, en realidad, no tenemos tanta prisa. Nuestra salud sale perjudicada, pero las consecuencias sobre la salud psicológica del niño y sobre las relaciones familiares son aún peores. Enseñamos a nuestros hijos que la vida es una urgencia tras otra y no una experiencia agradable de la que podemos disfrutar.

Por supuesto, hay días en los que tenemos prisa de verdad: el resto del tiempo, ve más despacio, escucha **a tu hijo y disfruta el momento**.

El estrés de los niños

Los niños también tienen sus preocupaciones. Sin embargo, su estrés suele ser consecuencia directa del estrés y de la sensación de prisa permanente de los padres y de la sociedad que los rodea. Los niños aprenden muy pronto que deben tener éxito en la escuela y que los adultos siguen su rendimiento muy de cerca, a veces incluso con aprensión. También se preocupan, según la edad, por las discusiones entre sus padres, los ladrones, las noticias de la televisión o los kilos de más.

El estrés infantil se manifiesta de múltiples maneras: alteraciones del sueño o del apetito, ansiedad, tics nerviosos, dificultad de concentración, etcétera. Sin embargo, el síntoma principal en los más pequeños es un estado de excitabilidad muy propicio a estallidos de oposición o de ira.

Puedes actuar sobre el ambiente de la casa para hacerlo más sereno y sobre el estrés de tu hijo para evitar la ansiedad, la fatiga y la sobreestimulación. Si está menos excitado y más relajado, será más capaz de gestionar sus reacciones emocionales.

El estrés de los padres

No hay nada más nefasto para un ejercicio sereno de la autoridad que un ambiente permanentemente tenso y estresante. Para acabar con ello, quizá debas tomar medidas radicales. Mientras tanto, lo más urgente es encontrar el tiempo para relajarse y cuidarse.

¿Cómo?

– Reflexiona sobre las últimas crisis con tu hijo e intenta entender, desde la distancia, qué las ha provocado. Recuerda en qué estado de ánimo se encontraba, qué lo hizo explotar, las conductas a las que fue especialmente sensible... Identifica los aspectos de su vida actual que lo ponen nervioso. Piensa en cómo podrías organizarte de otro modo. Esta reflexión es muy importante. **No hay situaciones sin solución.**

- Concédete tiempo para practicar a solas una actividad deportiva, artística o cultural. **No te conviertas en esclavo de la familia o de los niños.**
- Elabora una lista de prioridades. No puedes tenerlo todo. Pregúntate qué es más importante para ti, si comer en familia o salir de excursión los fines de semana, el éxito escolar o tener la casa siempre impecable, tu ambición profesional o la intimidad como pareja... Debes escoger y asumir que habrá consecuencias. Escoger supone renunciar. Por lo tanto, **saber lo que queremos es indispensable para evitar que llegue un día en que miremos hacia atrás con pesar.**
- Si hay que tomar decisiones para solucionar la situación, tómalas. Pueden ir desde mudarse para vivir más cerca del trabajo a contratar una canguro o pedir una reducción de jornada.
- Apúntate a un curso de relajación o a sesiones de meditación. Regálate un curso de gestión del estrés. Aprenderás técnicas que te serán muy útiles en la vida cotidiana. La única regla para que funcionen es que deben aplicarse con regularidad.
- Vuelve al momento presente. Mira a tu alrededor. ¿No te parece que tienes mucha suerte?

13 Protege al niño de ciertas influencias externas

«He matriculado a mi hijo en la escuela que hay cerca de nuestra nueva casa, pero no me gusta en absoluto el tipo de amigos que ha hecho allí. Temo que se aleje de nosotros e intente parecerse a ellos. No sé qué hacer.»

Un padre

La influencia de la sociedad y de los otros chicos de su edad se hace notar cada vez más pronto. En casa no se dicen palabrotas, pero tu hijo las aprende en la escuela. Vosotros os esforzáis por mantener un entorno sereno, pero vuestro hijo busca la guerra. Te enteras de que tu hija de diez años ha visto una película pornográfica en casa de un amigo. Tu hijo de ocho años empieza a contestaros mal y os dice que todos sus amigos les hablan así a sus padres.

¿Cómo conseguir que predominen tus principios educativos?

Para que predominen los principios educativos de los padres, el hijo debe estar apegado a ellos, es decir, los padres deben ser las personas más importantes e influyentes para él (véase el consejo 6). Para ello, debéis pasar tiempo juntos, compartir actividades y fomentar el diálogo y la escucha.

Cuando el niño llega a la preadolescencia, el apego a los padres resulta cada vez más incompatible con el apego a sus iguales, que pertenecen a una cultura distinta y están en cambio constante. Incluso usan un lenguaje distinto cuando hablan entre ellos: nosotros, los adultos, apenas los entendemos. Si no quieres que sean los amigos y el entorno escolar quienes «eduquen» a tus hijos, debes estar atento.

Está atento

Si tu hijo se esfuerza tanto por parecerse a los demás que ya no lo reconoces, ha llegado la hora de que te preguntes de qué conductas e influencias querrías protegerlo. La respuesta dependerá de la edad que tenga. Cuanto más crezca, mayor será el riesgo de que adquiera costumbres peligrosas. Sin embargo, los más pequeños también necesitan protección. Para **ello, es fundamental que estés atento y** él sea consciente de tu **presencia.**

A los dos años aún se queda en casa con la canguro. ¿Sabes con exactitud a qué dedica el tiempo? ¿Mira la televisión en presencia de tu hijo? Si la canguro tiene hijos y los trae para que le hagan compañía, ¿cómo se comportan con el tuyo?

Cuando crezca un poco, irá a pasar el día, o la noche, a casa de un amigo del vecindario. ¿Lo conoces lo suficiente para saber qué tipo de influencia puede ejercer sobre tu hijo?

La elección de la escuela también es muy importante.

Atención a las imágenes

Las imágenes constituyen una de las fuentes de influencia más perniciosas de las que pueden entrar en contradicción con las de casa. La televisión, las películas, los videojuegos y, más adelante, Internet. Hay muchos filtros y bloqueos que puedes instalar para controlar el acceso a todo ello.

Cuanto más pequeño es el niño, más permeable es. **Los padres tienen la responsabilidad de proteger a sus hijos a dos niveles: por un lado, controlando el entorno, y, por el otro, dando explicaciones progresivas para que el niño aprenda a protegerse solo.**

A medida que el niño crece, el diálogo va sustituyendo progresivamente a las prohibiciones.

14 Piensa en ti

Criar a los hijos debe ser un placer, no un sacrificio.

Olvidarte de tus necesidades adultas para atender exclusivamente a tus tareas educativas es un error que puede tener consecuencias graves sobre tu estado de ánimo y/o sobre tu relación de pareja.

Protege tus derechos de adulto

Los padres, por dedicados que estén a sus hijos, también tienen derechos que pueden ejercer de forma absolutamente legítima. De hecho, es bueno que los hijos los conozcan y los respeten: así aprenden a tener en cuenta a los demás y a abandonar poco a poco su sensación de omnipotencia.

Claro que queremos ser buenos padres, pero no sirve de nada esforzarse en ser perfectos: en este ámbito, como en tantos otros, lo mejor es enemigo de lo bueno. El sacrificio es inútil, del mismo modo que no sirve de nada convertirse en un padre o una madre mártir.

Es obvio que la llegada de los hijos nos cambia la vida. La libertad se reduce y los padres deben anteponer las necesidades del niño, sobre todo cuando aún es muy pequeño, a las propias. Sin embargo, no siempre ni en todos los ámbitos ni durante demasiado tiempo. Si se exceden, se arriesgan al hastío y pueden llegar a estar resentidos con el niño o a reprocharle su ingratitud en el futuro. Además, se echa a perder al niño, porque se le hace creer que el mundo gira a su alrededor.

Escoge libremente

Eres tú quien debe definir tus derechos... En general, yo defendería el derecho a seguir siendo un ser humano «normal», con un trabajo que quizá te apasiona, tiempo libre, actividades de ocio, amigos, etc. Para los padres, el derecho a seguir siendo un hombre o una mujer incluye el derecho a gastarse dinero en sí mismo y no solamente en la familia: ir a la peluquería o a las rebajas, hacer unos largos en la piscina o salir a cenar con amigos. En resumen, todo lo que hacías antes con placer y sin remordimientos, aunque ahora lo hagas con menos frecuencia.

Los derechos particulares y específicos también son legítimos, aunque a veces cuestan más de defender. A cada uno le corresponde encontrar los suyos y hacerlos respetar imperativamente.

Recuerda que tienes derecho a:

- Leer un libro entero en menos de un mes, sin tener que retroceder tres páginas para recordar dónde estabas cada vez que lo retomes.
- Cerrar la puerta del lavabo.
- Bañarte sin interrupciones.
- Querer que el comedor parezca un comedor y no el anexo de una tienda de juguetes.
- Disfrutar de tu cama sin que duendecillos adormilados la invadan a las tres de la madrugada.
- Dejar de jugar para emprender actividades adultas.
- Poder ver una película tranquilamente.
- No querer que husmeen en tu joyero.
- Dormir un poco más los domingos por la mañana, después de tres años de sacrificios, etcétera.

Al niño le será mucho más fácil aceptar estos derechos si se le explican en términos de placer y de desarrollo personal. El niño quiere agradar a sus padres, que estén contentos y de buen humor. Instaurar unos límites a sus exigencias y a su invasividad no es tan difícil. Sobre todo si se ve compensado por una presencia dedicada antes y después.

15 Protege tu relación de pareja

Cuando el niño se sitúa en el centro de la relación de los padres, la pareja corre peligro.

En las situaciones más habituales, la pareja, compuesta por dos progenitores, existía antes de la llegada de los hijos. La pareja amorosa se convierte en pareja de crianza, y ésta es una evolución que no siempre resulta fácil de gestionar.

Concédete tiempo

La llegada del primer hijo, y más aún la del segundo, supone un cataclismo para la relación de pareja, que debe continuar su andadura sobre bases nuevas. La unidad familiar se enriquece y la pareja debería verse reforzada de manera natural. Sin embargo, no siempre es así. Para que la historia de amor resista, es importante que los dos miembros de la pareja la cuiden.

¿Cuál es el peligro?

El peligro es que la nueva función, la de padre o madre, ocupe todo el espacio. Que todo el afecto y la atención que antes se dedicaba a la pareja se desvíe al niño. La pareja corre peligro.

¿Por qué?

Tanto si la pareja ya existía cuando han nacido los hijos como si es «reconstituida», necesita atención y tiempo. Hay que poner los medios para que la ternura y la intimidad se mantengan.

¿Cómo?

Conservando algunos derechos inalienables:

- Pasar tiempo en pareja, sin los niños: una tarde cada semana, un fin de semana cada trimestre y una semana al año.
- Acostar a los niños a una hora que os deje tiempo para estar a solas y conversar.
- Estar únicamente los dos en el dormitorio, preferiblemente en la cama.

Cuidar lo conyugal

Para la salud de la pareja es indispensable separar lo conyugal de lo familiar en momentos concretos y lugares determinados. Cada pareja debe encontrar su manera de hacerlo.

Puedes estar seguro de que los niños protestarán: ya están lo bastante celosos de los vínculos que unen a sus padres. Sin embargo, también les resultará muy tranquilizador. **No hay nada que dé más seguridad a un niño que sentir que sus padres se quieren y que la relación de pareja es sólida.**

- Si el niño es pequeño, aleja el temor de una posible separación (es muy consciente de ello).
- Si es adolescente, le permite afrontar con mayor serenidad el proceso de adquisición de autonomía (los padres se las arreglarán bien cuando él no esté).
- A cualquier edad, ofrecer un buen modelo de pareja, que le servirá de referencia cuando llegue el momento.

Capítulo 2

Hablemos de autoridad y de disciplina

16 Conviértete en autor, crea discípulos...

«Después del amor, la disciplina es el regalo más importante que se le puede hacer a un hijo.»

T. Berry Brazelton, conocido pediatra americano

Las palabras «autoridad» y «disciplina» no remiten a métodos educativos reaccionarios y casi militares. Por el contrario, los padres mandan y los hijos obedecen, con el objetivo fundamental de vivir en paz y que «las cosas funcionen». Una vez desprovistas de su connotación autoritaria, se descubren como palabras bellas y ricas en significados e indicaciones sobre la manera correcta de educar.

Una autoridad bien entendida

La palabra «autoridad» procede del latín *auctor*, que significa «autor», pero también «garante». Quien tiene la autoridad es quien «funda y hace crecer», el que está en el origen de las cosas y es responsable de ellas.

Tener la autoridad significa, etimológicamente, tener derecho a mandar, pero también ser la persona que ayuda a otros a desarrollarse y a construirse a sí mismos. Esta autoridad descansa sobre la confianza, sobre la certeza de ser amado y sobre la tranquilidad.

Tener la autoridad significa ser la referencia, el modelo, el ejemplo, el guía. Recuperamos aquí la idea del maestro que forma a sus discípulos.

Tener la autoridad significa ser responsable.

Responsabilidad procede del latín *spondere*: dar garantía, prometer, comprometerse. Tanto ante los demás como ante la ley.

Por lo tanto, podemos entender que quien tiene la autoridad tiene el poder de decir que no. Sin embargo, la misma raíz latina ha derivado en el verbo «autorizar», que significa tener derecho a decir que sí.

Lo que nos interesa de estas definiciones son las nociones de «autor» y de «fundador». ¿Cómo podemos ser padres sin asumir plenamente esta función de autoridad? ¿Cómo podemos ser responsables del futuro de nuestros hijos sin aceptar plenamente que nos corresponde a nosotros decir que sí y que no, ser quienes autorizamos y prohibimos, quienes garantizamos la seguridad y el desarrollo de este ser humano en construcción, incluso si, para ello, debemos disgustarlo?

La disciplina es amor

¿Por qué?

Sin disciplina no hay ni seguridad ni vínculos que puedan forjarse. Los límites que impone la disciplina son indispensables para el niño, que encuentra en ellos un apoyo moral y físico evidente. El niño sabe que lo quieren cuando ve que sus padres se preocupan lo bastante de él como para ofrecerle la protección estructurante que proporciona la disciplina.

¿De qué se trata?

El significado de la palabra «disciplina» ha cambiado mucho a lo largo de los siglos. Antes, se consideraba que sacar un látigo para flagelarse y mortificarse era disciplina. Ahora, usamos la palabra «disciplina» en el sentido de instrucción, de orientación moral, de influencia. También define el conjunto de normas instituidas en un lugar dado.

La disciplina tiene mucho más de aprendizaje que de castigo. Exige coherencia, constancia y paciencia. Su objetivo es enseñar a los niños a controlar los impulsos y a integrarse en la sociedad humana (las reglas dependen de cada cultura concreta). En resumen, se trata de: **formular las expectativas en términos de normas; establecer límites; definir las consecuencias positivas o negativas; e instaurar una buena tolerancia a la frustración y el gusto por la perseverancia.**

Es cierto que disciplinar significa «obligar» al otro a una disciplina intelectual o moral, por lo que significa educar en el sentido más fuerte de la palabra. Sin embargo, disciplinar también es formar en el sentido de hacer discípulos, que reciben enseñanzas con el objetivo de crecer y de convertirse en adultos. La disciplina debe conducir a la autodisciplina, es decir, a la definición de normas personales.

Se forma al niño para que adquiera conductas y comportamientos adaptados, para que un día sea capaz de imponérselos a sí mismo, con frecuencia para el resto de su vida. A los tres años, los padres deben insistir (y disciplinar en consecuencia) para que el niño se cepille los dientes con regularidad, por ejemplo. Se trata de una conducta que dista mucho de ser innata y espontánea, pero una vez ha conseguido integrar la disciplina , la autodisciplina la mantiene. Ya no es necesario llamar al orden al niño, luego adolescente y más tarde adulto: ha integrado una disciplina de higiene.

Lo mismo sucede con las actitudes morales.

17 Acepta que eres el jefe

«Cuando era pequeño, mi padre me decía: "Sólo tienes un derecho, el de callar". En la mesa, con mis hijos, sólo se los oye a ellos. Lo mínimo que se puede decir es que el mundo ha cambiado mucho.»

Un padre

La estructura familiar tradicional es una estructura autocrática. El padre está en la cúspide de la pirámide y ostenta todo el poder; luego viene la madre, que ejerce el poder sobre los niños con la autorización del padre. A lo largo del siglo XX, las familias occidentales evolucionaron y adoptaron una estructura democrática, en la que todos los miembros de la familia tienen el mismo peso. Por eso, vemos publicidad de automóviles o de yogures dirigida directamente a los niños de la casa, que son los nuevos prescriptores de compra de los hogares. Sin embargo, hay niños que también deciden qué programas de televisión ven o el menú de la cena. Si es que no llegan a decidir si mamá puede volver a casarse o si sus padres pueden hacer otro niño.

Una dictadura ilustrada...

El advenimiento de la democracia familiar ha llevado a padres que ya no desempeñan su función ni asumen sus responsabilidades. El criterio de los niños, a quienes les falta experiencia y formación, es egocéntrico, inmaduro y poco razonable. Dejarlos decidir y privarlos de un poder central equivale a abandonarlos. Tú eres el jefe en el reino familiar. Y punto.

¿Por qué?

Imagina por un instante que niños de entre dos y diez años de edad tuvieran que decidir por sí solos a qué hora irse a dormir o qué debe haber en su plato. ¿No te parecería absurdo? Y, sin embargo, hay familias que viven esta realidad... Hace poco, un padre me dijo: «Nosotros nos acostamos a las once de la noche, no veo por qué tenemos que obligarlo a acostarse a las ocho».

La democracia es imposible, porque el gobierno de la familia compete a los padres. Esto implica que deben limitar, muy a su pesar, la libertad de sus hijos (que, a su vez, tiran de la cuerda: es su trabajo), para protegerlos y orientarlos. Los niños no vienen al mundo sabiendo caminar sobre clavos. Desconocen los peligros de la vida. Los padres también tienen la responsabilidad de instaurar y hacer respetar las normas familiares. Así, los niños se sienten seguros y pueden crecer con tranquilidad.

Hay autores que describen la función de los padres de niños pequeños como la de un dictador ilustrado y benevolente. Humano, amable y firme, escucha los deseos y los argumentos de todos. Pero es él quien tiene el derecho de veto y toma las decisiones. Punto final.

... pero destinada a evolucionar

A medida que el niño crece, la política familiar puede evolucionar hacia la democracia. La estructura vertical (los padres arriba y los hijos abajo) se inclina y se transforma en una estructura horizontal, que se completa cuando los hijos, ya adultos y autónomos, vuelan solos.

Los adolescentes ya toman muchas decisiones por sí mismos. Sin embargo, los padres siguen al mando. Deben asumir su responsabilidad hasta el final.

18 Educa con el ejemplo

Los niños toman de modelo a los adultos, no al contrario. Son estos últimos los que deben dar ejemplo. Si quieres enseñarle a cumplir lo que promete, recuerda que le has prometido llevarlo a la piscina. Si quieres enseñarle a admitir sus errores y a corregirlos, empieza por reconocer los propios.

El «modelado» es un modo de aprender conductas nuevas tan antiguo como el mundo animal. El que no sabe observa al que sí e imita su conducta hasta que es capaz de reproducirla a la perfección o incluso superar al maestro y convertirse también en modelo.

Un aprendizaje muy potente

Aunque se trata de un aprendizaje que no hace ruido, es muy potente. Las actitudes y las frases que se oyen durante la infancia pueden quedar almacenadas en la memoria y reaparecer treinta años más tarde, si se presenta la ocasión. Por eso, un padre reciente puede sorprenderse a sí mismo al ver que se dirige a su hijo tal y como su padre lo hacía con él, a pesar de haber jurado y perjurado que no lo haría jamás.

¿Cómo?

El niño pequeño es muy sensible a todo lo que lo rodea y lo captura como si fuera una cámara de vídeo. Almacena la información en el cerebro y, si lo que ve le resulta especialmente interesante, intentará reproducirlo al menos una vez; en función del resultado que obtenga, conservará la conducta o no. Por ejemplo, si oye una palabrota nueva y le parece impactante, intentará usarla.

Es muy habitual que los padres no sean conscientes de lo que transmiten y de lo que el niño aprende de ellos. Por lo tanto, vale más que estés muy atento y seas un buen modelo.

Sé un buen modelo

No hace falta ser perfecto. Basta con recordar que los padres son los primeros modelos del niño, la primera imagen de autoridad, los más queridos y los más admirados. En consecuencia, su influencia es determinante.

Si el niño observa con regularidad una conducta en ti, se convertirá en parte de él y «modelará» su actitud. De todos modos, sólo se integran de verdad las conductas que se repiten. Los enfados esporádicos no arruinarán un proceso educativo, sobre todo si el resto del tiempo eres un ejemplo de persona que sabe gestionar sus emociones y expresarlas sin destruir a los demás.

La impresión general que desprendemos es muy importante. Un padre que se queja constantemente del trabajo, del frío y del calor, de la falta de tiempo, de los atascos de tráfico, del gobierno, de su propio cansancio, etc., da a entender a su hijo que ésa es la manera de afrontar la vida. Un padre que expresa su alegría de vivir, sin ocultar preocupaciones ocasionales, demuestra que se puede amar la vida a pesar de las dificultades.

Si no quieres que muerda, no lo muerdas. Si no quieres que pegue a los demás, no lo azotes. Si la cólera de tu hijo te hace estallar de ira, o si lo muerdes porque acaba de morder a un niño, estás poniendo el mundo del revés. ¿Cómo le explicarás que no puede hacer lo que tú acabas de hacerle a él? La explicación «Te muerdo para que entiendas que no se puede morder» es demasiado sutil para un niño de la edad a la que suelen producirse este tipo de conductas.

El niño tiene otros modelos

Recuerda que aunque tu hijo pasa mucho tiempo contigo, probablemente pasa aún más tiempo con la canguro, con la maestra o con sus compañeros de clase. Ellos también le sirven de modelo. Y no olvidemos la televisión, que es una influencia que vale más no subestimar. Te darás cuenta de ello cuando lo oigas decir palabrotas que en tu casa no se pronuncian u opiniones que tú no profesas.

En el caso de los niños pequeños, los padres son el modelo más potente, porque representan casi la totalidad de su mundo y de su inversión emocional. Sin embargo, a medida que crecen y son más sensibles a otros modelos y a otras influencias, quizá valga la pena conocerlos, a falta de poder controlarlos... (véase el consejo 13).

19 Mantén la calma

«Durante muchos años, creí que mis hijos eran la causa de mis enfados cotidianos, porque no cumplían mis expectativas. Entonces, un día, durante una formación sobre estrés laboral, me di cuenta de que ellos eran las víctimas... A partir de ese momento, y aunque me costó un gran esfuerzo, empecé a cambiar.»

Un padre

Los padres trabajan demasiado, tienen demasiadas cosas que hacer y poco tiempo para hacerlas. Y eso los lleva a vivir en un estado de ansiedad y de tensión casi permanente. Con frecuencia, son los hijos quienes sufren las consecuencias, quienes se «la cargan», como dicen coloquialmente. Por un lado, porque son el último eslabón de la cadena tras una jornada agotadora, pero también porque tienen el don de saber encender la mecha del barril de pólvora.

Tu hijo aprenderá a superar sus enfados fijándose en ti y tomándote de modelo.

No busques la perfección

Mantener la calma puede ser muy difícil para todos. Y es imposible conseguirlo siempre. No conozco a ningún padre o madre que no haya perdido los nervios jamás, por mucho que todos los libros y artículos para padres insten a ello. No es ningún drama siempre que los enfados sean limitados en cantidad, duración e intensidad. De todos modos, vale más practicar algún deporte que «hacer pagar» a los niños una tensión de la que no son responsables. Sólo la desencadenan.

Asume la responsabilidad de tus emociones

Para mejorar en este ámbito y sucumbir menos a la cólera, es importante que empieces por reconocer que el niño no tiene la «culpa». **Cada uno es responsable de sus emociones y de la manera en que las expresa.** La ira de los padres es de los padres: son ellos quienes deben resolverla. Los niños ya tienen bastante con sus propias emociones como para hacerse cargo de las de sus padres.

20 Encuentra tu técnica para mantener la calma

A continuación encontrarás algunas técnicas que funcionan en el momento mismo en que se pierde la calma. Pruébalas, encuentra otras e identifica las que te resulten más útiles.

- **Desconfía de los días y de los momentos «de riesgo»**, cuando estés especialmente cansado, estresado o preocupado, acabes de discutir con tu pareja o hayas tenido un problema en el trabajo. El menor incidente puede provocar una explosión. Si llegas a casa en ese estado, avisa a tus hijos: «Estoy tan relajado como un saltamontes y tan pacífico como una pantera negra, así que esta tarde será mejor que me dejéis un poco de espacio». Si puedes, lo mejor sería que te tomaras un tiempo para relajarte a solas, con un zumo de fruta y una revista, por ejemplo. Si el niño está contigo, comparte alguna actividad de «bajo riesgo»: DVD, baño, paseo por el parque, etcétera.

- **Concédete un momento antes de reaccionar.** Cuando te des cuenta de que la ira va en aumento y está a punto de inundarte, quizá te baste con respirar profundamente dos o tres veces para detener el mecanismo y recuperar la sangre fría. Otras veces tendrás que alejarte y aislarte unos minutos. La idea es esperar a haber recuperado la calma antes de responder o de reaccionar. Así conseguirás que tu conducta esté dictada por las necesidades de la situación, no por tus emociones.
- **Presta atención a las palabras que pronuncies**, porque puedes lamentarlas luego. Cuanto menos digas, mejor.
- **Libérate de las tensiones.** La ira confiere una gran energía. Si no quieres que se exprese con palabras violentas o gestos agresivos, busca otro modo de expresión: golpear una almohada, saltar a la comba 732 veces, correr alrededor de la manzana, cantar a todo volumen... Explícale al niño que «Hago esto para que se me pase un poco el en-

fado». No hagas delante de él lo que no quieras que él haga, como romper la vajilla o dar portazos.

- **Escribe lo que sientes** o llama a un amigo para explicárselo. Así te desahogarás y te quedarás más tranquilo. Una vez hayas pronunciado esas palabras, te sentirás más relajado.
- **Si tanto tú como tu hijo sois cariñosos**, prueba lo siguiente: cuando te des cuenta de que los dos empezáis a enfadaros, coge en brazos a tu pequeño y abrázalo con fuerza. Míralo a los ojos y dile: «¡Si supieras lo muchísimo que te quiero!» o «Vamos a calmarnos y a darnos un abrazo. ¿Vale?».
- **Asume el reto.** ¿Notas que cada vez estáis más enfadados? Prométete a ti mismo que no vas a gritar. Entonces, dirígete a él con una voz dulce, casi empalagosa... Te sorprenderá el efecto que provocará en tu hijo.

21 Controla tus emociones

La disciplina no se aplica con gritos y violencia.

Escribir esto supone volver a ir en contra de la corriente actual, según la cual hay que dejarse ir y expresar y vivir todas las emociones que sentimos, porque si las reprimimos, corremos el riesgo de desarrollar una úlcera o de ser acusados de hipocresía. Se trata de uno de los grandes errores educativos de los padres. Se trata de una técnica eficaz en el marco de la gestión del estrés, pero desaconsejable para los padres en un contexto de disciplina.

Controla las emociones negativas

En realidad, sólo es necesario que controles la mitad de tus emociones.

¿Por qué?

Si cuando miras a tu hijo sientes que te inunda el amor, la admiración o el orgullo, no dudes en expresar estas emociones una y otra vez. Sin embargo, si lo que sientes es exasperación o ira, es mejor que te contengas. Cuando uno se siente invadido por estas emociones no puede ejercer una autoridad sana y respetuosa.

Cuando el niño encadena conductas «indeseables» y no se detiene a pesar de las advertencias de sus padres, sabe a qué se arriesga. Es su manera de poner a prueba los límites. Los padres pueden escoger entrar en conflicto, con el riesgo de perder el control sobre sí mismos (algo que los niños perciben claramente). Una vez que los padres han gritado, sermoneado o incluso azotado a su hijo, se ponen a su mismo nivel, con lo que han perdido la partida. Por otro lado, pueden optar por aplicar una pausa obligada, que resulta mucho más eficaz (véase el consejo 84).

Sé un ejemplo

¿Le pides a tu hijo que se contenga, que no grite ni llore? ¿Dónde aprenderá a hacerlo si tú eres el primero que se deja llevar por sus emociones?

¿Cómo?

Puedes tomar contacto con tus emociones e informar de lo que sientes a tu hijo, pero con tranquilidad y controlando tu forma de expresarte: «Noto que estoy a punto de enfadarme». Tu hijo verá que te esfuerzas en no perder la calma, con lo que le estarás dando una lección muy positiva. «Estoy cansado de que no me hagas caso. Así que tú a tu habitación y yo a la mía, para respirar con tranquilidad y pensar; ya te diré luego lo que decida.» Así, podrás ser un buen modelo al tiempo que serás más justo con tu actitud y tus sanciones.

No lo dejes ganar

Hay otro motivo por el que es aconsejable que los padres controlen sus emociones. Tu hijo se siente pequeño frente a ti, pero le encanta intentar sentir que manda y quedar por encima. Y la manipulación es la mejor manera de conseguirlo. Lograr que pierdas los estribos es como hacer un salto mortal. Con un instinto infalible y a fuerza de conductas insoportables, consigue que grites o lo azotes, algo que te habías prometido no hacer jamás. ¡Menudo poder!

A una madre que me preguntaba: «Pero ¿por qué sigue haciéndolo si sabe perfectamente que me vuelve loca?», le contesté: «¡Precisamente por eso, porque la vuelve loca!». No es que el niño fuera perverso, era un niño totalmente normal y actuaba como todos los niños a quienes se deja tomar el poder.

Tu hijo repetirá toda conducta con la que consiga hacerte reaccionar de un modo muy emocional.

22 No busques la paz a toda costa

«Es un motivo de conflicto constante con mi marido. Me reprocha que acabe cediendo, porque me canso de oír a Enzo pedir lo mismo cien veces. Si me derrumbo es porque no soporto la idea de pensar que esté triste por mi culpa ... Ya sé que es de tontos.»

Una madre

Todos queremos la paz

Antes o después, todos los padres acaban cediendo, sencillamente porque ya no pueden más después de que su hijo les haya preguntado veinte veces si puede comer un helado o poner la televisión. En ese momento, papá, desbordado, dice: «Bueno, vale, pero sólo esta vez» (no se lo cree nadie). La paz vuelve a reinar inmediatamente, papá puede hacer su llamada en paz e incluso recibe un abrazo acompañado de un «¡Gracias, papá, eres genial!». ¿Es su sueño? Sí, de momento y si se trata de algo excepcional. Sin embargo, si eres un adepto de esta técnica, lo pagarás caro.

¿Qué le enseñas a tu hijo?

Que si quiere algo, tiene que insistir. Ahora sabe que tus «no» carecen de significado alguno. Le basta con repetir su demanda las veces suficientes para derrotar al adversario por agotamiento y que el «no» se convierta en un «sí». Dicho de otro modo, para obtener un alivio momentáneo, has reforzado y fomentado la conducta que tan insoportable te resulta.

¿Qué puedes hacer?

Si la petición es inaceptable, dile que no con calma y claridad una sola vez. «No hay helados antes de comer». Y mantente firme. ¿Tu hijo protesta, se queja e insiste? Tápate los oídos, vuélvete más sordo que una tapia. ¿Sigue insistiendo? «Si me lo vuelves a pedir una sola vez, te envío a tu habitación» o «Si me lo vuelves a pedir una sola vez, te quedas sin helado también después de comer». Y cúmplelo.

23 Espera que tu hijo te obedezca

«Nunca he entendido por qué mi hijo obedece a la primera a mi marido pero a mí no...»

Una madre

Nuestros hijos tienen antenas emocionales extraordinariamente sensibles. Perciben el estado de ánimo en que nos encontramos y si esperamos (o no) que nos obedezcan. Conocen instintivamente su «margen de negociación».

Si deseas convencerlo de que hablas en serio

Debes prestar atención a:

- El tono de voz. Si hay un momento para alzar un poco la voz o, como mínimo, para hablar con un tono decidido y firme, es éste.
- La formulación. No le haces una sugerencia ni le pides la opinión. Estás afirmando algo, le das una orden.
- La elección de las palabras. Deben ser precisas, concretas y sin la menor ambigüedad, para que tu hijo entienda claramente qué esperas de él.

No dejes la menor duda acerca de tu determinación

Cuando le des instrucciones claras, no le dejes la menor duda acerca de tu determinación para hacer que se apliquen. Así ahorrarás mucho tiempo y mucha energía.

Imagina un niño de diez años que se hace el remolón en la cocina, con la esperanza de que otra persona acabe quitando la mesa por él.

El padre A: «Ya te he pedido cien veces que quites la mesa. ¿Tanto te cuesta hacerme caso de vez en cuando?».

El padre B: «¿Aún no has quitado la mesa? Bueno, cuando lo hayas hecho, podrás salir con tu hermano al jardín; él ya está jugando a la pelota».

O también:

El padre A, a gritos: «¿Apagas el televisor de una vez o qué?».

El padre B, con voz tranquila y firme: «Si apagas el televisor inmediatamente y te acuestas, aún nos quedará tiempo para un cuento».

Supongo que, al igual que yo, apuestas a que el padre B es el único que logrará su objetivo. Por un lado, porque transmite que está muy seguro de que le harán caso en seguida. Por el otro, porque le hace saber al niño que el primer interesado en hacer lo que se le pide es precisamente él.

24 Una conducta «rentable» se reproduce siempre

Las conductas «rentables» se reproducen siempre. Las conductas que no lo son, desaparecen.

Aquí, «rentable» significa que la conducta se ve seguida de una consecuencia positiva. Por el contrario, una conducta que no lo es (o que sale cara, es decir, que viene seguida de una consecuencia negativa), acaba por desaparecer. Es una norma básica que permite entender la conducta del niño, cuyo principal objetivo es conseguir y conservar. Apoyarte en ella te ayudará a desarrollar conductas positivas en tu hijo y a reducir las negativas.

La ley del refuerzo

Si una persona disfruta de las consecuencias de su conducta, se verá motivada a repetirla. La consecuencia positiva es el refuerzo. Si Jade se da cuenta de que hoy, que se ha dejado el cabello suelto, ha atraído la atención y las miradas de los compañeros de clase, es muy probable que mañana se peine de la misma manera.

No olvides que todas las conductas (excepto las instintivas) son aprendidas, no sólo las que enseñamos voluntaria y conscientemente a nuestros hijos. El niño ha aprendido a jugar, a saltar, a pelearse... La mayoría de los aprendizajes tienen lugar sin que nos demos cuenta, por el sesgo del «profesor oculto».

¿Cómo?

Llamamos «profesor oculto» al refuerzo que permite todos estos aprendizajes, según el siguiente mecanismo:

El niño presenta una conducta nueva (ya sea o no en presencia de sus padres): pronuncia una palabra nueva, chapotea en la bañera, se inventa una mentira o un juego, come algo nuevo, etc. Puede ser una conducta desarrollada espontáneamente, por azar, o copiada de otra persona (una palabrota que ha oído en la escuela, una conducta que imita de su hermano mayor, etcétera). Esta conducta tendrá una consecuencia. Si es positiva (está bueno, es agradable, lo felicitan, le prestan atención...), la repetirá. Si es negativa (si duele, si lo castigan...), tenderá a desaparecer. Y lo mismo sucederá si la conducta no da lugar a ninguna consecuencia.

El refuerzo positivo o negativo aumenta o reduce la frecuencia de una conducta. Por lo tanto, es lo que, a lo largo de los días y los años, «enseña» al niño a comportarse en todos los ámbitos.

Refuerzos donde menos se los espera

Un niño pequeño puede mostrarse amable y servicial porque le gustan las respuestas que recibe de sus padres cuando presenta este tipo de conducta. Otro, puede portarse mal exactamente por el mismo motivo.

¿Por qué?

Podemos imaginar que los primeros felicitan a su hijo y valoran su esfuerzo. Por su parte, es posible que los segundos sólo hagan caso a su hijo cuando desobedece o se enfrenta a ellos.

¿Cómo?

Un niño pequeño vuelve de la escuela y trae consigo una palabrota que ha oído en el patio ese mismo día. Orgulloso, se la espeta al padre. Lo que suceda a continuación dependerá de cómo reaccione éste. Si reacciona con fuerza, ya sea riéndose o enfadándose, el niño aprenderá que se trata de una palabra muy potente y la volverá a utilizar cuando quiera llamar la atención. Si el padre no reacciona, o lo hace levemente, el niño deducirá que la palabra no es interesante y la olvidará.

El principio básico

- Es muy simple, pero sus consecuencias son inmensas.
- Para que una conducta se repita, hay que garantizar que el niño obtenga consecuencias positivas (o «recompensas»).
- Para que una conducta desaparezca, es necesario que el niño pierda todo interés en ella, es decir, que produzca consecuencias negativas (o «castigos»).
- Cuando el niño presenta una conducta nueva, las consecuencias que obtenga serán cruciales a la hora de determinar si la repetirá o no.

25 Entiende bien el juego de la oposición

«Mi hija tiene dos años y medio y dice que no a todo, incluso a lo que antes le gustaba. "No" a entrar a la bañera, pero también "no" a salir una vez acabado el baño... ¡Es agotador!»

Un padre

El niño se construye a partir de la oposición, tanto si tiene dieciocho meses como quince años. Comprende muy pronto la potencia de esa palabra mágica que es «no». Cuando la pronuncian los padres, tiene el poder de detenerlo. Por lo tanto, usarla supone que él también es grande y potente. Lo que somete la paciencia de los padres a una dura prueba.

Una actitud constructiva

¿De qué se trata?

Este «no» es una verdadera declaración de independencia. Para el niño, no se trata de ser negativo, sino de una afirmación de identidad. Como si sólo pudiera construirse a partir de la oposición al otro, en este caso a sus padres. Es una manera de decir «No soy la persona que queréis que sea». Quiere que todo el mundo sepa que tiene voluntad propia, por lo que la afirmará, con frecuencia y de forma sistemática, en oposición directa a la de los demás.

¿Por qué?

A ojos del niño, el «no» tiene aún otra virtud: le permite entrar en un juego de fuerza. Tanto los padres como el niño intentarán, cada uno con sus armas y sus argumentos, que el otro ceda. Es decir, intentarán ganar. El niño quiere ser el jefe a toda costa, y considera que ha ganado si:

- Obtiene lo que quería (la bicicleta o subirse al tiovivo).
- Atrae la atención de sus padres durante un tiempo satisfactorio, es decir, tanto tiempo como le sea posible (mientras se niega a acostarse o a hacer los deberes, o mientras mamá no se ocupa del bebé).

¿Cómo hay que reaccionar?

Con paciencia y flexibilidad, al menos al principio.

Si los niños de dos años son «difíciles» es porque tienen dos años y necesitan afirmarse, no porque sean malos. Si las negativas de tu hijo te hacen enfadar, piensa que intenta entender cómo funcionan los adultos y qué los hace reaccionar, ya sea de un modo o de otro. Así construye todo su conocimiento respecto de los demás.

¿Qué se puede hacer?

Flexibilidad no significa incapacidad para conseguir que nos obedezcan. Tras un margen aceptable de palabras y de paciencia, parece razonable negarse a seguir discutiendo y pasar a zanjar el asunto.

Por mucho que proteste tu hijo, eres tú quien decide y quien debe tener la última palabra cuando se trata de cuestiones importantes o que no son susceptibles de debate. Estas ocasiones, en las que debes hacerle entender que quien manda eres tú, tienen que ser las más numerosas. Sin embargo, es bueno para su autoestima que, de vez en cuando, lo dejes ganar. En estos casos, hazlo antes de que el «no» se haya transformado en una rabieta.

Este mecanismo de oposición, que permite al niño irse construyendo diferenciándose del otro, se atenúa con la edad. Y vuelve a aparecer con fuerza con la llegada de otra crisis: la adolescencia.

26 Sé constante y coherente

«Tu hijo te pone a prueba constantemente. Si consigue transformar con frecuencia un "no" en un "sí" gracias a gritos, pataletas y quejas, no aprenderá jamás dónde están los límites.»

***P. Leache*[1]**

No podrás instaurar una disciplina positiva y efectiva a no ser que adoptes una actitud totalmente coherente y lógica a ojos de tu hijo.

Mensajes claros

Los niños aprenden que su conducta es aceptable o no en función de cómo reaccionen los padres. Por lo tanto, es indispensable que la reacción sea la misma, tanto si se trata de mamá como de papá, tanto si es lunes como si es domingo, y tanto si están en casa como en casa de sus amigos.

¿Se porta bien? Manifiesta tu aprobación y tu satisfacción. ¿Se porta mal? Házselo saber y pídele que pare.

Es obvio que el niño seguirá o repetirá la conducta más adelante. Te pone a prueba continuamente. Necesita confirmar que es una regla. ¿Es válida siempre o sólo en algunas situaciones? ¿En cuáles? ¿La excepción puede convertirse en la regla? Para abandonar lo que parece una provocación, necesita obtener respuestas claras, sencillas y predecibles.

Opciones educativas aplicadas a largo plazo

Dile lo que hayas decidido, ponlo en práctica y sé constante en el tiempo: es la única manera de obtener algún resultado.

1. Leache, P., *Redbook*, marzo de 1993.

Con frecuencia, recibo a padres que tienen dificultades para conseguir que sus hijos se acuesten. Antes de que haya tenido ocasión de ofrecerles el más mínimo consejo, me aseguran que lo han «intentado todo», desde los métodos que han encontrado en libros a los consejos de familiares y amigos.

¿Cuál es el problema?

Para que una solución tenga la menor posibilidad de éxito, hay que prolongarla en el tiempo. Una misma dificultad puede tener varias soluciones, a condición de que los padres no cambien cada día: ninguna ofrece resultados inmediatos.

Muchos padres toman una decisión, por ejemplo, no volver a la habitación del niño después del último beso de buenas noches, y lo anuncian claramente. Sin embargo, ceden a los diez minutos, o al día siguiente en el mejor de los casos, ante la sucesión de lamentos insistentes y desgarradores. ¿Qué le han enseñado al niño? Que si insiste lo suficiente puede hacer cambiar de opinión a los padres. ¡Buen resultado!

27 Acepta que disciplinar es una tarea ingrata

No hay ningún niño al que se envía a la cama cuando lo que quiere es ver sus dibujos animados preferidos que, una vez se le han explicado los motivos, responda: «Ah, claro. Si no duermo lo suficiente, mañana estaré cansado. Tienes razón, me voy a dormir».

Los primeros «noes» que pronuncian los padres, así como los que ellos oirán a su vez unos meses más adelante, son como un rito de paso. La relación con el bebé es siempre maravillosa, aunque no nos deje dormir. Hasta los dieciocho meses, podemos soñar con un ambiente tranquilo, en el que el niño accede razonablemente a las peticiones de los padres. Pero nada es eterno.

La valentía de decir que no

Hace falta valor para dotar al «no» de la fuerza necesaria. Es mucho más fácil decir que sí y ver cómo los ojos del niño brillan de alegría que contrariarlo, oír sus gritos y presenciar sus pataletas. A nadie le gusta ser el causante de lágrimas o de ira. Sin embargo, saber frustrar los impulsos del niño es fundamental para su educación. También hace falta valor para instaurar las normas con claridad y ser constante un día tras otro, por cansados que estemos o presionados que nos sintamos. Sería mucho más sencillo ser exigentes sólo los días en que nos sentimos fuertes y dejarlos hacer cuando necesitamos descansar... Sin embargo, eso no funcionaría jamás, porque tal y como hemos visto, la educación se basa en la constancia.

Sí, hace falta valor, pero también convicción, coherencia, paciencia, entusiasmo, amor incondicional, ser consecuente... ¡Y nos sorprendemos de que sea difícil!

La reacción del niño

Muchos padres quieren que su hijo haga lo que le piden pero que, además, esté de acuerdo con ellos. Y eso es imposible. Pretender que a tu hijo le gusten la disciplina y los límites que le impones es una utopía que puede complicarte mucho la tarea que tienes entre manos.

Sé realista. Si tu hijo te escucha y parece estar de acuerdo en portarse bien en todas las situaciones, perfecto. Pero parece mucho más probable que proteste, llore, se enfade y se oponga. Jamás te lo agradecerá en el momento. No discutas demasiado y tampoco esperes una adhesión razonable: no la conseguirás. Bueno, sí... quizá dentro de unos veinte años.

El conflicto

No hay educación sin conflicto. Aunque quieras evitarlos a toda costa, tu hijo te llevará hasta el límite para conseguirlo. Necesita medirse contigo, saber quién es el más fuerte y hasta dónde estás dispuesto a llegar. No está bien ni mal, es que es así. Sí, no es el tipo de relación con la que soñabas; sí, después de una larga jornada laboral, es penoso llegar a casa para entrar en un juego de fuerza y aguantar morros y gritos. Sin embargo, a veces es inevitable.

Lo que importa no es que haya conflictos, sino que estén limitados en la cantidad y la intensidad, y que todos sepan dejarlos atrás y olvidarlos.

28 Desarrolla la confianza del niño en sí mismo

«Tras veinte años de profesión, he constatado que los niños que se sienten mejor consigo mismos y que tienen una buena autoestima son también los más capaces de poner su imaginación al servicio de sus deseos más profundos. Se disfrazan, se inventan cuentos, juegan a ser héroes, crean universos personales... Nosotros les proporcionamos el punto de apoyo; ellos se espabilan solos.»

MARIE-LAURE, maestra de escuela

Es posible que este consejo no sea de los que se nos ocurren espontáneamente cuando hablamos de autoridad y de disciplina. Sin embargo, la autoestima y la confianza en uno mismo desempeñan una función crucial.

Con frecuencia, el niño provoca a los padres sólo para atraer su atención. Cuando esto sucede, es porque tiene la sensación de que no recibe la suficiente atención ni las suficientes muestras de afecto cuando se porta «bien», es decir, según las instrucciones de los padres. Entonces, reclama o discute. Los padres se enfadan, lo riñen y lo castigan, con lo que la autoestima del niño queda socavada. Y eso lleva a una sensación de ansiedad, irritación e inseguridad.

Un niño que confía en sí mismo provoca menos

Los padres se dan cuenta de lo que sucede y dicen: «Me paso el día enfadándome con él». Y, así, no hacen más que confirmar al niño que no es lo que esperaban... Para acabar con este círculo vicioso, es importante valorar al niño tanto como se pueda y que las críticas se centren en la conducta, no en el autor.

¿Por qué?

Si tratamos al niño como a una persona única y maravillosa, como si ya fuera todo lo que es capaz de llegar a ser, damos un gran paso para mejorar la imagen que pueda tener de sí mismo. Sin embargo, perjudicamos esa misma imagen si criticamos sus errores, nos burlamos de él cuando los comete o impedimos que adquiera responsabilidades. A veces, basta con una frase desafortunada pronunciada en un momento de enfado para minar la confianza de un niño, y harán falta toneladas de atención para que pueda recuperarla.

¿Cómo lo puedes ayudar a confiar en sí mismo?

- **Trata a tu hijo como a una persona atractiva, valiosa y digna de interés y de respeto**: lo interiorizará y acabará por verse a sí mismo de este modo.
- **Demuestra entusiasmo y aliéntalo en tu hijo.** Es un antídoto contra el aburrimiento y el cansancio y lo ayudará a finalizar los proyectos que emprenda.
- **Permítele experimentar.** Cuantas más experiencias distintas viva el niño, en entornos y compañías diversas, más desarrollará sus competencias y la autoestima. Sí, está claro que cometerá errores, y es mejor así. Tú estás ahí para explicarle que se recuperará y que equivocarse es la mejor manera de aprender. Te creerá si enfatizas el esfuerzo y el proceso más que el resultado en sí mismo.
- **Fomenta las conductas de independencia.** Tanto la independencia respecto a modas y costumbres como la independencia respecto a ti. El niño que aprende a pensar y a actuar por sí mismo es un niño que desarrolla su autoestima.

29 Distingue entre deseos y necesidades...

Tener zapatillas de deporte para ir al instituto es una necesidad; que sean de una marca concreta es un deseo. Comer verdura es una necesidad; aceptar únicamente los tomates y las cerezas es un deseo...

Es importante aprender a distinguir entre deseos y necesidades y, entonces, tratar a cada cosa como lo que es. Sin embargo, los niños expresan sus deseos con tanta energía que los padres pueden confundirlos con necesidades.

¡Atención! No te confundas

Los niños tienen necesidades legítimas que todos los padres conocen. Por un lado, están las necesidades primarias, que deben ser satisfechas a toda costa: comida y bebida, abrigo, cuidados... Luego están las necesidades sociales: de aceptación, de integración y de afecto. Las necesidades de seguridad: no tener miedo al abandono ni al rechazo. Necesidades intelectuales: jugar, aprender, descubrir... En definitiva, vivir en un entorno que les permita desarrollarse y dar lo mejor de sí mismos. Todos los niños deben ver satisfechas estas necesidades.

Sin embargo, tener veinte ositos de peluche o diez muñecas Barbie, subir al tiovivo, dormir en la cama de los padres, comer únicamente yogur de fresas con nata, mirar la televisión, o querer caminar descalzo no son necesidades, sino deseos. Y hay que tratarlos como tales.

¿Cómo hay que reaccionar?

Un deseo se expresa, se comparte, se debate y, a veces, se llega a un compromiso. Todos tenemos deseos. Y es fantástico, porque es lo que nos hace avanzar: nos ponemos en marcha para satisfacerlos y desarrollamos estrategias y competencias. Por lo tanto, podemos apoyarnos en los deseos del niño para ayudarlo a avanzar. Sin embargo, bajo ningún concepto hay que tratar esos deseos como necesidades, ni sentirnos culpables por no poder satisfacerlos.

El principio del placer

El niño pequeño se rige por el principio del placer, lo que significa que busca ante todo la satisfacción inmediata de sus deseos. No sólo lo quiere todo (el coche de bomberos, el chupete, que lo cojan en brazos...), sino que lo quiere ahora. Tiene muy poca tolerancia a la frustración que siente cuando no logra exactamente lo que desea o cuando tiene que esperar para conseguirlo. A pesar de que tiene casi un siglo por delante, no puede retrasar ni un segundo la satisfacción de su deseo.

¿Qué se puede hacer?

Tu trabajo educativo como padre consiste en frustrar progresivamente a tu hijo en algunos de sus deseos (en una medida que le resulte soportable) para que aprenda que la vida es así. Si no lo haces, la propia vida lo hará por ti, pero con menos delicadeza y con mucho más sufrimiento para tu hijo.

Satisfacer todos los deseos del niño como si fueran necesidades es hacerle un flaco favor a largo plazo.

30 Enséñale a controlar sus impulsos

«El niño pequeño es un ser atravesado por pulsiones cuya energía considerable debe ser canalizada por la educación de los padres. Esta educación le permitirá alejarse progresivamente de su adicción al placer, es decir, de su estado natural, para acceder a la cultura, que es su destino humano.»

ALDO NAOURI

Ésta es la labor de prevención esencial en toda educación.

Yo y los demás

Hacia el año de edad, el niño empieza a darse cuenta de lo mucho que depende de su madre. La omnipotencia que le atribuye lo hará reaccionar y enfrentarse a ella con su propia omnipotencia (ilusoria, claro está, pero muy real para él).

¿Cómo?

El niño se esfuerza todo lo posible por hacer fracasar a la madre, oponiéndose deliberadamente a ella y formulando todo tipo de exigencias. La educación interviene en este punto fundamental, y si viene de la mano de una madre que no se deja llevar de la oreja, ayudará al niño a ir corrigiendo progresivamente su evaluación de la situación.

Los impulsos del niño pequeño son manifestaciones espontáneas que la educación debe canalizar o desviar: el impulso de tomar lo que es del otro, de quererlo todo para sí mismo, de quererlo inmediatamente, de golpear o chillar para conseguir lo que desea, etcétera. La tarea de los padres consiste en ayudar al niño a pasar del «sólo yo» al «yo y los demás» y, luego, al «no hacer a los demás lo que no quiero que me hagan a mí».

Los animales no controlan sus impulsos, las personas sí

La educación emocional, que lleva al desarrollo de la inteligencia emocional, está directamente vinculada a la disciplina. Su objetivo es:

- Ayudar al niño a reconocer sus impulsos y los que pueden hacer daño o perjudicar a los demás, y que aprenda a controlarlos o desviarlos.
- Enseñarle a reconocer sus emociones y a nombrarlas y expresarlas desde el respeto al otro.
- Enseñarle a reconocer las emociones de los demás, para tenerlas en cuenta y saber qué provoca en el otro.
- Finalmente, integrar la norma moral básica de que no hagamos a los demás lo que no querríamos que nos hicieran a nosotros.

Las explosiones de ira y violencia son inaceptables

Más adelante veremos cómo podemos ayudar al niño a no sucumbir ante ellas. De momento, sólo quiero subrayar la importancia de decirle al niño, ya desde muy pequeño, lo que es tolerable y lo que no. Y levantarle la mano a la madre es claramente inaceptable.

Enséñale que los ataques de ira, por impresionantes que resulten, no lo ayudarán a obtener el resultado deseado, se trate de lo que se trate. Una vez tranquilo, le puedes explicar que lo quieres demasiado para dejar que se comporte de semejante manera.

¿Por qué?

Saber esforzarse y controlar los impulsos significa controlar la propia vida. Y ésta es la gran batalla del ser humano. Por lo tanto, no olvides jamás que **el niño aprende del ejemplo**: si eres incapaz de controlar los gritos y la ira, no puedes pedirle a tu hijo que lo haga mejor que tú.

Capítulo 3

Herramientas para una disciplina efectiva

31 Empieza desde el primer día

El niño obedece a los padres porque la relación afectiva es buena y quiere satisfacerlos. Este tipo de relación hace también que los padres entiendan al niño y sepan adaptar sus exigencias y su actitud.

Durante el primer año de vida del niño, los padres no necesitan ejercer la autoridad en el sentido estricto de la palabra. Saben ocuparse del bebé perfectamente. Saben cómo forjar una relación de afecto, atender a sus necesidades y demostrar paciencia y ternura. Esta base, que empieza a construirse desde el momento del nacimiento, es muy importante para el futuro.

Tener dificultades con un bebé que rechaza el biberón o que llora por la noche no tiene nada que ver con la autoridad. Pero sí con la disciplina, es decir, con la instauración de costumbres tranquilas y de un ritmo que dé seguridad. Cuando el niño ya es capaz de agarrar objetos pequeños para llevárselos a la boca, de desplazarse por el suelo... es ahí cuándo empieza la verdadera autoridad. «No, no puedes tocar eso» o «No, no te lo voy a dar». Son las primeras frustraciones y las primeras dificultades.

El primer año. Los primeros pasos de la disciplina

La primera tarea que debe llevar a cabo el bebé y que lo mantendrá ocupado unos buenos seis meses es la de organizarse. Diferenciar entre el día y la noche, calmarse cuando nosotros estamos cansados, dormirse solo, reducir las tomas de leche diarias, modular el llanto para hacerse entender, relacionarse con sus interlocutores... ¡No es poco trabajo!

La tarea de los padres consiste en acompañar al bebé en ese proceso de organización interna y en apoyarlo en sus esfuerzos sin interferir demasiado.

¿Cómo?

Se trata de acostar al bebé cuando dé muestras de estar cansado y de alimentarlo o jugar con él cuando sea el momento. **Ayudarlo es, sobre todo, confiar en él.**

A los tres o cuatro meses de edad, el niño es capaz de entretenerse solo en la cuna con algunos juguetes suspendidos sobre él, con sus propios pies o con un poco de música. También es capaz de esperar algunas horas entre comidas. Sin embargo, sólo lo conseguirá si sus padres lo ayudan.

¿Un ejemplo?

Tu bebé puede aprender qué es la noche, pero necesita contar con buenos puntos de referencia. Es decir, que durante el día deben pasar cosas distintas que por la noche: no enciendas la luz, habla en susurros, no lo cojas en brazos si vas a verlo a la cuna, etc. Si vas a verlo a las tres de la madrugada porque empieza a llorar y enciendes la luz, le hablas en un tono de voz normal o juegas con él como lo haces al mediodía, lo más probable es que tu pequeño siga confundiendo el día y la noche.

Cuando el bebé deja de ser un ángel...

Es muy difícil «echar a perder» a un niño antes de los ocho meses de edad. Por el contrario, hacia los diez o los doce meses, las malas costumbres pueden empezar a echar raíces. El bebé descubre, prueba y experimenta. Al mismo tiempo, «lee» en su rostro si apruebas o no lo que hace.

¿Qué se puede hacer?

Es el momento de aprender a mirarlo y a hablarle con más firmeza y de saber decirle: «No toques el televisor».

Ha llegado la hora de empezar a instaurar las primeras normas, muy sencillas, y de repetírselas un día tras otro, hasta que el bebé entienda que «no» significa: «Hablo en serio, para inmediatamente». Su seguridad está en juego.

32 Apóyate en el entorno

Un entorno seguro, sencillo, enriquecido y limitado, es decir, adaptado a tu hijo, puede simplificarle muchísimo la vida.

Si no consigues cambiar a tu hijo, cambia su entorno. Llevar a cabo cambios reales en el entorno del niño puede conseguir que sea la situación, y no tú, quien dicte las normas. En cuanto a él, se alegrará de no tenerte siempre encima.

Un entorno seguro

En un entorno seguro, donde no hay cables eléctricos por el suelo, ni colillas en los ceniceros ni plantas tóxicas al alcance de la mano, resulta mucho más fácil dejar que el niño campe a sus anchas. Si no quieres pasarte el día pidiéndole que no toque eso o que suelte aquello, te interesa repensar la decoración de la casa. Suprime, en la medida de lo posible, todo lo que pueda ser peligroso, así como cualquier cosa que lamentarías ver rota. ¡Tu vida será mucho más tranquila!

Un entorno sencillo

¿Quieres que tu hijo se vista solo? Cómprale ropa y zapatos que sean fáciles de poner.

¿Quieres que ordene su habitación con regularidad? Compra baúles con dibujos o con pegatinas que le faciliten la tarea.

¿Su armario es un desastre? Organiza el interior con un cajón para calcetines, un cesto para la ropa de deporte, una estantería para las camisetas, etcétera.

Un entorno enriquecedor

¿No quieres que escriba en los libros o en las paredes? Pon a su disposición folios, una libreta y una mesa, además de rotuladores, lápices de colores y ceras.

Si no quieres verlo siempre sentado delante del televisor, ofrécele un espacio suficiente donde montar su tren eléctrico o levantar construcciones de bloques de madera sin tener que desmontarlo todo cada noche.

Los niños que tienen al alcance de su mano lo que necesitan para crear, inventar o disfrazarse no se aburren y adquieren autonomía con mayor rapidez.

Un entorno limitado

Si llevas a tu hijo al supermercado, te pasarás el tiempo gestionando sus exigencias. Si lo llevas a un restaurante elegante, tendrás que repetirle constantemente que se porte bien.

Si le dejas tener un televisor en el dormitorio, aparecerán conflictos sobre qué mirar y cuándo mirarlo.

Si le dejas tener un ordenador en el dormitorio, ya no podrás controlar a qué páginas se conecta.

33 Identifica el problema con precisión

Definir el problema con precisión es fundamental si queremos resolverlo…

Los padres, cuando consultan, suelen tener dificultades para definir exactamente el problema a que se enfrentan. O hay demasiadas cosas, o todo está mezclado, o jamás se lo han planteado en estos términos.

¿Qué quieres cambiar?

Sé preciso. Un objetivo como «Quiero que Jean sea más amable» no funcionará jamás. Es demasiado impreciso y demasiado general. Además, sólo podemos cambiar conductas, no rasgos de personalidad. Por lo tanto, podemos conseguir que el niño guarde el rompecabezas antes de sacar otro juguete o que no deje la mochila en la entrada. Sin embargo, eso no hará necesariamente de él un niño «ordenado».

Define el problema en términos operativos y concretos. Para ello, formúlate dos preguntas:

- «¿Qué insiste en hacer mi hijo, a pesar de que se lo hemos prohibido?» Por ejemplo: da patadas a su hermana, interrumpe las conversaciones de los adultos, etcétera.
- «¿Qué se niega a hacer aunque se lo pida cien veces?» Por ejemplo: cepillarse los dientes, ducharse, apagar el ordenador, etcétera.

Así verás con claridad cuáles son las fuentes de conflicto.

Elabora una lista de lo que te gustaría que no hiciera (dejar la toalla húmeda hecha una bola, mirar la televisión por la mañana...) y otra con lo que te gustaría que hiciera más a menudo (poner la mesa, acabar los deberes antes de ponerse a jugar...).

No trates como un capricho lo que sea una demanda legítima. Por ejemplo, si insiste en jugar contigo un domingo por la tarde.

Tampoco te empecines con conductas que, aunque quizá resulten molestas, son normales a la edad de tu hijo y desaparecerán por si solas con el tiempo. Por ejemplo, si es muy pequeño será incapaz de permanecer sentado a la mesa durante toda una comida familiar. O, si está en el parque, quizá se apropie sin el menor reparo de los juguetes de otros niños.

Los problemas, de uno en uno

Las listas son largas y la tentación de acometer todos los problemas a la vez es muy grande. ¡Detente! No lo conseguirás: exiges un esfuerzo demasiado grande al niño. Por otro lado, el mensaje se diluirá y perderá fuerza.

¿Cómo?

Empieza por trabajar un elemento, no necesariamente el más problemático, sino el que pueda resolverse con mayor rapidez, porque todo el mundo quedará satisfecho y os dará impulso para continuar. Además, cada éxito hace que el siguiente sea más fácil. El niño cooperará más, porque se dará cuenta de que contribuye a que el ambiente en casa mejore.

Si la dificultad que tiene en el punto de mira es compleja, conviene que la dividas en unidades más pequeñas y, por lo tanto, más fáciles de gestionar. Por ejemplo, si tu hijo se niega a llevar a cabo cualquier tarea relacionada con la higiene personal, como ducharse, lavarse el pelo o cepillarse los dientes, te será más fácil empezar centrándote en una de las tres.

Analiza el problema

Formúlate las preguntas siguientes:

- ¿Hace mucho que tu hijo presenta la conducta que quieres eliminar?
- ¿La presenta en todas partes, también en casa de los abuelos, en la escuela...?

- ¿Cuándo es más frecuente?
- ¿Qué suele desencadenarla?
- ¿Qué consecuencias tiene, tanto para el niño como para los adultos?
- ¿Por qué persiste, a pesar de los reproches?

Cuente

Si quieres evaluar los progresos de tu hijo, debes saber cuál es el punto de partida. Antes de cambiar la conducta que sea, lo primero que debes hacer es contar y apuntar cuántas veces al día o a la semana la presenta.

Si tu objetivo es que tu hijo cuelgue la toalla del colgador una vez haya terminado de usarla, en lugar de dejarla en el suelo hecha una bola, no intervengas y cuenta las veces que la cuelga a lo largo de dos semanas. Esa cifra será tu referencia.

Sustituye el problema que quieres eliminar por un objetivo que deseas conseguir

Por ejemplo:

«Que se haga la cama» en lugar de «Deja la cama hecha un desastre».

«Que quite la mesa» en lugar de «Deja los platos sucios en la mesa».

«Que juegue con su hermano» en lugar de «Siempre se pelea con su hermano».

Si tienes una visión positiva de las cosas, todo te resultará mucho más fácil.

34 Deja de discutir con tu hijo

«Ya es algo sistemático. Cuando Zoe se pone a chillar sin motivo, salgo de la habitación. Entonces, para en seco. Si me sigue y vuelve a empezar, pongo música y canto. He decidido que ya no gritaré más. Es duro, pero resisto.»

Una madre

Dos no discuten si uno no quiere.

Si tu hijo presenta una conducta que quieres eliminar, no te servirá de nada convertirlo en un conflicto; tampoco te será útil repetir diez veces la misma cosa cuando no te hace caso. **Di con firmeza lo que tengas que decir, explícale cuáles serán las consecuencias si no te hace caso y pasa a otra cosa.**

A veces, discutir es positivo. En otras ocasiones, el tema no es negociable. Por lo tanto, lanzarse a explicaciones agresivas y a discusiones eternas es una solemne pérdida de tiempo. Es mejor marcharse. ¿Quiere eso decir que tu hijo te hará caso y te obedecerá automáticamente? Quizá no. Pero si se niega a discutir y a pelear, es más probable que puedas reducir la duración y la intensidad del conflicto.

Si se niega a participar en la discusión, no habrá discusión. Nadie puede discutir consigo mismo. Por lo tanto, la mejor manera de eliminar la agresividad familiar es no participar en ella. Aléjate de la escena para calmarte. Si el problema no se ha resuelto, ya lo hablaréis más adelante, cuando la tensión haya desaparecido.

35 Céntrate en lo positivo

> *«Si haga lo que haga, papá piensa que siempre llego tarde a la mesa o que nunca ordeno mis cosas, ¿para qué me voy a esforzar?»*
>
> *KATIA, 9 años de edad*

Cuando los padres saben ver el lado bueno de las cosas, no dan importancia a lo que no la tiene y están tranquilos porque piensan que todo acabará solucionándose y que luego se reirán al recordarlo, las probabilidades de que sepan ayudar a sus hijos a dar lo mejor de sí mismos son muy elevadas. Por el contrario, cuando los padres «no creen en el niño» y se centran exclusivamente en las quejas, no habrá consejo que pueda ayudarlos.

¡Busca el oro!

Habrá días en que te parecerá prácticamente imposible encontrar ni la más mínima pepita de oro en la conducta absolutamente lamentable de tu hijo. Sin embargo, **centrar el foco en lo que funciona es mucho más eficaz que repetir constantemente lo que hay que cambiar.** ¿Tienes la sensación de que tu hijo se pasa el día quejándose, exigiendo, poniendo problemas a todo y peleándose con su hermana? ¡Es inaguantable! La tendencia natural sería reñirlo y, probablemente, generalizar: «¿Aún estás molestando a tu hermana? ¡Eres insoportable!». Sin embargo, resulta muchísimo más eficaz señalar con sinceridad la satisfacción que sientes al ver que pone la mesa sin rechistar. Si a lo largo del día ha habido un 1% de conductas positivas, hay que centrarse en ese 1% para que mañana podamos hablar de un 2%.

Evita la culpabilización

Los padres que culpan y critican a sus hijos suelen hacerlo con buena intención: quieren poner en evidencia una conducta que consideran problemática, en el convencimiento de que el niño será capaz de deducir lógicamente cómo debe comportarse: debe hacer lo contrario de lo que hace ahora. Por desgracia, las cosas no funcionan así.

¿Por qué?

A ojos de los niños, los padres ostentan el conocimiento. Si su padre o su madre lo critican es que él, el niño, no es lo bastante bueno, al menos no tanto como debería serlo. Siente que decepciona a los padres, lo que es nocivo para su autoestima.

Las críticas no sólo no estimulan el cambio, sino que suelen provocar todo lo contrario. Es como si el niño pensara: «Me repiten constantemente que lo hago todo mal, así que debe de ser verdad. ¿Para qué voy a molestarme en estudiar para el próximo examen?».

Guiar a un niño es mucho más eficaz que reprenderlo. Así, sustituiríamos el «¡Has vuelto a dejar los zapatos en la entrada!» por un «¡Rafael, recoge los zapatos y guárdalos inmediatamente!».

En general, recuerda que tu hijo es pequeño y que tú eres el adulto. La fuerza, el poder, el razonamiento y la facilidad de palabra están de tu lado. Y debe ser así, para poder proteger al niño. Sin embargo, resulta igual de fácil y rápido aplastarlo. Si quieres que crezca derecho, no lo hagas jamás. Por otro lado, no te canses de repetirle lo mucho que te divierte su sentido del humor o cuanto te gusta que te dé besitos en el cuello.

36 Apóyate en la rutina y en las costumbres

Instaurar un ritual para la hora de acostarse («Pipí, dientes, cuento y a la cama») suele ser la mejor garantía para una noche apacible.

Las rutinas cotidianas son el pilar que sostiene el hogar y que facilita la vida. Dotan de estructura la vida cotidiana y son fundamentales para la disciplina. Hacen que el mundo del niño sea un lugar cálido, sencillo y seguro, por lo predecible. Se convierten en costumbres que, una vez afianzadas, evitan frustraciones, gritos y recriminaciones.

Apoyarse en los rituales

Los gestos habituales que se encadenan uno tras otro pueden convertirse en rituales, a los que los niños son muy sensibles. Las mañanas y el final del día suelen ser momentos estresantes, que a los padres les cuesta mucho gestionar desde la tranquilidad. Por ello, hay que instaurar hábitos que tengan en cuenta las necesidades de todos, pero a los que todos deben plegarse cada día. Así se eliminan de un plumazo multitud de discusiones y de problemas.

Otros rituales pueden consistir en ayudar a papá a lavar el coche los domingos por la mañana, escribir una carta a los seres queridos el día de su cumpleaños o cenar patatas fritas todos los sábados. La lista es infinita.

Los hábitos y los rituales suavizan la vida familiar y sus exigencias. Son propios de cada familia y dan al niño una gran sensación de pertenencia. Con frecuencia, constituyen la base de los mejores recuerdos.

La fuerza de la costumbre

No hay nada más difícil de cambiar que una costumbre instaurada. Una vez que el niño aprende buenas costumbres, la partida está ganada. Por lo tanto, el esfuerzo se concentra en la instauración. El mantenimiento se hace solo.

¿Cómo?

Instaurar buenas costumbres (hacerse la cama, cepillarse los dientes antes de ir a la escuela...) es más fácil cuando el niño aún es pequeño. Es posible que los padres piensen que ya tendrán tiempo de acostumbrarlo a lavarse las manos antes de comer o a dar las gracias cuando alguien le haga un regalo. Es un gran error: mientras la costumbre no esté instaurada, habrá que recordárselo constantemente, lo que requiere un esfuerzo mucho mayor que instaurar una costumbre. Además, empezar pronto también evita tener que eliminar otra costumbre ya establecida para instaurar una nueva, lo que siempre resultará más difícil.

Rigor sin excepciones

Instaurar una costumbre exige mucha claridad y rigor. El niño debe saber exactamente qué conducta se espera de él. Es decir, los padres deben exigírsela cada día, sin excepción.

¿Por qué?

El niño no entiende la frase «Bueno, vale, pero sólo por esta vez». Para ti es una excepción, para él es la prueba fehaciente de que puede hacer las cosas de otra manera. Y si es cierto hoy, también lo será mañana. Por lo tanto, durante unas semanas hay que estar muy atento. Hasta que un día sucede el milagro y el niño hace solo, cada día, lo que antes teníamos que recordarle. Ha adquirido la costumbre.

El niño, como todo ser humano, adoptará sus propias costumbres, tanto si sus padres se encargan de ello como si no. Sin la intervención de los padres, los niños se acostumbrarán encantadísimos a desayunar mirando la televisión, a acostarse sin haberse cepillado los dientes, a decir palabrotas o a comer caramelos durante todo el día. Por lo tanto, vale la pena ser parte activa en las elecciones y los hábitos de vida que adoptará el niño.

37 Elimina el refuerzo

Recuerda: casi todas las conductas, inclusive las desagradables, son aprendidas. Aparecen y perduran porque se refuerzan, es decir, porque acarrean consecuencias que el niño percibe como positivas.

Las conductas no deseadas pueden desaparecer espontáneamente si dejan de recibir refuerzos, o «recompensas», durante un periodo de tiempo suficientemente largo. Este mecanismo, que se ha estudiado muy bien, se llama «extinción». Sobre el papel parece muy sencillo; la dificultad reside en identificar qué es lo que mantiene la conducta que queremos eliminar.

Identificar el refuerzo

Hace poco, vinieron a verme unos padres en relación a su hijo, Thomas. El problema era que éste había dejado de esforzarse en la escuela. Había sido bastante estudioso, y de repente las notas, especialmente las de matemáticas, habían caído en picado. Los padres se habían separado hacía tres años y el padre, que había rehecho su vida, acababa de tener otro hijo. Thomas pasaba los fines de semana con él y había notado la diferencia: le daba la impresión de que, desde el nacimiento del bebé, había pasado a ocupar un segundo plano y que, quizá, había «dejado de existir» para su padre. O al menos eso era lo que temía. El padre era contable en una gran empresa y, desde siempre, se había encargado de ayudarlo con las matemáticas. La madre lo ayudaba con la asignatura de lengua. Las malas notas le ofrecían a Thomas una ventaja doble. Por un lado, sus padres se veían obligados a reunirse para hablar de él y, por el otro, su padre pasaba más tiempo ayudándolo con los deberes. Por lo tanto, y aunque tuviera que soportar que lo riñeran por el mal rendimiento escolar, Thomas había dejado de estudiar solo. Cuanto más tiempo dedicaba su padre a explicarle teoremas, menos trabajaba él por su cuenta. ¡Lo tranquilizaba ver lo mucho que su padre se preocupaba por sus notas! Además, el tiempo que pasaba con él era tiempo que no pasaba con su nueva pareja o con el bebé...

Detectar las recompensas ocultas

Las recompensas deben orientarse a las conductas que queremos ver repetidas. Sin embargo, es muy habitual que los padres hagan justo lo contrario. Los padres de Antoine esperaban visita, por lo que le pidieron que recogiera todas las cosas que tenía desperdigadas por casa, a fin de que estuviera más presentable. Diez minutos más tarde, la camisa de Antoine seguía sobre la alfombra del comedor. Su padre lo llamó y él respondió con un gruñido, pero no se movió. Al igual que ya había pasado tantas otras veces, su padre, que tenía prisa, decidió ordenar él mismo, enfadadísimo. Recogió la camisa y la carpeta de Antoine y se los llevó a la habitación. ¿Qué aprendió Antoine? Que si espera en lugar de obedecer, no tiene por qué molestarse. Es decir, la desobediencia ha sido recompensada. Y se repetirá.

38 No atiendas a las conductas no deseadas

Es posible eliminar una conducta si, sistemáticamente, se hace caso omiso de ella y siempre que esta actitud se mantenga el tiempo suficiente (al principio, lo más habitual es que la situación empeore).

Aprender a no ver y a no escuchar... Es muy difícil, pero el resultado es muy interesante.

Retira la atención

Recuerda que hemos establecido que una de las necesidades básicas del niño es la atención. Por lo tanto, toda conducta que atraiga la atención de los padres es reforzada, incluso si ésta consiste en una regañina. Hay que evitar reforzar las conductas que queremos ver desaparecer, y, con frecuencia, eso significa ignorarlas.

¿Cómo?

La sordera o la ceguera selectivas son armas muy eficaces, al contrario de lo que suelen pensar los padres, que creen tener la obligación de «saltar» ante la menor conducta inapropiada; con eso consiguen dotarla de la importancia necesaria para que el niño la repita. **Educar consiste, a menudo, en fomentar las conductas deseadas e ignorar el resto.**

Más fácil de decir que de hacer

Baudoin tiene tres años y medio y quiere otro caramelo. Mamá le dice que no. El niño se lanza a representar una escena impresionante, con gritos y llantos. Mamá ni pestañea, así que se tira al suelo y estalla en una rabieta terrible. Mamá abre el lavavajillas y empieza a vaciarlo con tranquilidad. Baudoin acaba por entender que no ha impresionado a nadie, y entonces decide que ayudará a su madre a vaciar el cesto de los cubiertos; es una de sus tareas preferidas y sería una pena perdérsela por culpa de una rabieta.

Si la madre hubiera cedido y le hubiese dado el caramelo, es fácil deducir que el niño se habría salido con la suya y que al día siguiente probablemente veríamos repetirse una escena similar. Si la madre se hubiera enfadado, hubiese empezado a gritar también o a sermonearlo sobre el tema «Demasiado azúcar es malo para los dientes», el resultado también habría sido éste. Baudoin hubiera vivido todas estas reacciones como un éxito, como una recompensa por su ira y, por lo tanto, como una invitación a repetirla.

¿En qué casos?

Esta técnica es muy eficaz con niños pequeños, pero no con los adolescentes: les encanta que no les hagan caso. Por lo tanto, debe utilizarse sobre todo con niños pequeños que dicen palabrotas, desobedecen, hablan como bebés, exigen, tienen rabietas...

De hecho, funciona con todas las conductas indeseadas que pueden ser ignoradas sin poner en peligro ni la salud ni los bienes de nadie. Por lo tanto, hay que evitarla cuando los niños se pelean, se ponen en situaciones de riesgo o tiran al suelo un plato tras otro.

39 Instaura normas

La ausencia de normas y la variabilidad de las intervenciones de los padres (según el estado de ánimo o el humor del que estén) provocan confusión, frustración, inseguridad y rebeldía.

No es necesario convertir el hogar en un campamento militar, pero sí que se rija por algunas normas estables. Los niños necesitan saber qué normas los gobiernan, hasta dónde pueden llevar los límites y qué sucede si se pasan.

Normas claras

Para ser capaz de cumplir las normas, el niño debe entenderlas, por lo que deben ser muy claras. Frases cortas y palabras sencillas. Una norma es una ley interior: se integra mejor si está expresada de forma impersonal.

«Hay que lavarse las manos antes de comer.»
«Hay que colgar la toalla de baño después de usarla.»
«Hay que poner la ropa sucia en el cesto.»
«Hay que acabar los deberes antes de encender el ordenador.»

Para ser claras, las normas deben ser precisas. «No se puede saltar en el sofá, ni siquiera estando descalzos. Sin embargo, se puede saltar descalzo sobre la cama.»

Normas comunes

Las mejores normas son las que se aplican a toda la familia, sin distinción de generación o de sexo. Por ejemplo:

«No se habla con la boca llena.»

«Los domingos por la mañana hay que estar en silencio hasta las diez.»

Sin embargo, hay normas que necesariamente son distintas para cada uno y que deben evolucionar a medida que el niño crece. En estos casos, y sobre todo cuando en la familia hay niños de distintas edades, hay que negociar y explicar con claridad la evolución de las normas.

«Hasta los diez años, la hora de acostarse es a las ocho.»

«Cada cumpleaños, la semanada aumenta en un euro.»

¿Normas flexibles?

Hay que tener normas, pero no siempre es posible seguirlas al pie de la letra. De vez en cuando habrá que adaptarlas a la situación o al niño.

¿Cómo?

La norma «Cada uno duerme en su cama» puede transgredirse las noches de tormenta especialmente fuertes. La norma «A la cama a las ocho» puede modificarse las noches en que venga a dormir un amiguito.

Sin embargo, hay que tener cuidado: los niños pequeños no entienden el concepto de excepción. Si una vez ha podido hacer lo que normalmente le está prohibido, es muy probable que al día siguiente lo intente de nuevo. En estas ocasiones, puede resultar útil explicarle el carácter excepcional de la situación.

Tampoco hay que olvidar que las normas pueden ser objeto de otra discusión cuando el niño crece. Entonces hay que llegar a un compromiso entre las demandas de todos los implicados.

Pero normas estables

Cumplir las normas es imposible si cambian constantemente. Lo que está bien el lunes también tiene que ser así el martes. Y lo mismo sucede con lo que esté prohibido.

¿Por qué?

Si reñimos a un niño al mediodía porque se balancea en una silla, pero por la tarde vuelve a hacerlo y no le decimos nada, aprenderá que las normas son variables y que pueden derogarse en cualquier momento, así que las pondrá a prueba, un día tras otro, para ver cuáles se mantienen y deben aplicarse «hoy».

¿Cómo?

Cuando los padres deban cambiar una norma por un imperativo de la situación, tienen que explicarlo. Lo mismo sucede con las normas implícitas que son las costumbres. Por ejemplo, si siempre que vuelven de hacer la compra se paran en el tiovivo, al niño le costará entender que se lo nieguen el día que tengan prisa. Hay que explicárselo.

Normas razonables

Por su naturaleza, las normas exigen un esfuerzo a todos, tanto al niño que debe cumplirlas como a los padres, que deben velar por su cumplimiento. Por lo tanto, no deben ser demasiado numerosas. Si el niño no puede dar un paso sin infringir una norma o si el padre se pasa el día diciendo «Haz esto» o «No hagas lo otro», es que algo no va bien. **Vale más que haya pocas normas, bien escogidas y aplicadas correctamente, que muchas normas que agotan a todo el mundo** y que los propios padres acaban por dejar a un lado.

Las normas razonables son también las que se corresponden a las capacidades del niño. No es razonable pedirle a un niño de dos años que coma correctamente. A los tres años, aún es incapaz de ordenar solo su habitación.

Normas con sentido

Los niños tienen dificultades para aplicar normas que consideran absurdas o inútiles. Aunque la explicación aún no tenga mucho sentido para el niño, como mínimo entenderá que lo tiene para sus padres. Por eso, **hay que acompañar las normas de una explicación**.

«No te acerques al fuego: quema.»

«No corras con la piruleta en la boca, si te caes puedes hacerte mucho daño.»

«No se puede comer pan antes de cenar, porque quita el hambre.»

No todas las normas, y especialmente las de urbanidad, se prestan a una explicación sencilla. En estos casos, puede bastar con un «*Porque es lo que hace la gente bien educada*».

40 Tolera deslices

«Mi padre es coronel retirado, y cada vez que viene a casa y ve cuánto tiempo tardan a veces mis hijos en hacerme caso, me dice que "las normas están para cumplirse" y que "pedirlo dos veces es pedirlo una vez de más". A mí me criaron así, pero pienso que el mundo ha cambiado y no quiero hacer lo mismo con mis hijos.»

Un padre

Vale más que lo sepas ya: ninguna norma se cumple «a rajatabla» hasta que no se ha convertido en una costumbre. Los niños no son robots que se programan de una vez y para siempre (y, hasta donde yo sé, incluso los robots se estropean).

Los niños disponen de muchas ocasiones para transgredir las normas

¡Y muy buenas razones para hacerlo!

- Porque se distraen y están «pensando en las musarañas».
- De manera deliberada, porque tienen demasiadas ganas de hacer lo que se les ha prohibido.
- Porque hay demasiadas normas y es imposible cumplirlas todas.
- Para provocar, por un enfado, por curiosidad, por saber qué pasa si desobedece.
- Para «jugar» con sus padres y satisfacer su voluntad de poder.

El niño debe saber a qué se arriesga si no obedece.

Repítete

La educación consiste en repetir hasta la saciedad las mismas cosas, las mismas advertencias y las mismas normas. Por lo tanto, no creas que basta con enunciar una norma una sola vez (¡o diez!).

Ningún niño aplica las normas a la perfección: el hogar no es el ejército. Además, las normas están hechas más para regular la vida y gestionar las relaciones que para ser cumplidas al pie de la letra.

41 Define los límites

«Sí, estoy de acuerdo en que hay que marcar los límites. El problema es dónde ponerlos. Y sobre todo cuando mi hija discute constantemente para escatimar siempre un poco más.»

Una madre

Al igual que todos los conductores, sé cuál es el límite de velocidad en vías urbanas y a qué me arriesgo si lo supero. Si cruzo un pueblo a setenta kilómetros por hora en lugar de a cincuenta y el radar me hace una fotografía, no estaré nada contenta, pero me parecerá justo y coherente. Si no hubiera normas o si las normas cambiaran cada día sin que yo lo supiera, me costaría mucho más entender que la intervención de la policía y el «castigo» (multa, retirada del carnet) fueran justos.

A los niños les pasa lo mismo. Por lo general, protestan contra los límites que se les imponen, pero saben que están ahí para protegerlos y que tienen sentido.

Normas completas

Para definir un límite debe haber normas acompañadas de un modo de empleo completo.

¿Acaso alguien respetaría el código de circulación si las infracciones no estuvieran seguidas de una multa?

¿Qué son los límites?

Los límites son una especie de barrera simbólica que delimita un espacio más o menos amplio de libertad y de seguridad. Para que tengan probabilidades de ser respetados, deben estar acompañados de consecuencias en caso de transgresión. El niño debe saber a qué se expone si sobrepasa el límite.

«Tienes que estar de vuelta a medianoche. Si llegas tarde, te quedas sin salir una semana.»

«La mesa tiene que estar puesta a las ocho. Si no lo está, te tocará quitarla también.»

Los límites dan seguridad

Recuerda que los límites están hechos para ser transgredidos. Antes o después, todos los niños ponen a prueba los límites. Saben que supone un riesgo, pero es la única manera de crecer. Mientras se mantenga dentro de los límites fijados, no teme ni por su seguridad ni por la calidad de su relación contigo. Si los supera y tú te enteras, tendrá que asumir las consecuencias. Se expone a una regañina o a un castigo. Y lo aceptará, porque sabía a qué atenerse.

42 Prevé, anticipa y prevén

Con frecuencia, es mucho más fácil anticipar un problema, para evitar que ocurra, que resolverlo.

Como conoces bien a tu hijo, sabes cuáles son las situaciones «de riesgo» para él. En esas ocasiones, anticipar las posibles dificultades puede ser crucial.

Explicar lo que va a pasar

Explicar con antelación a un niño qué va a pasar lo ayuda a afrontar la contrariedad y la frustración.

¿Cómo?

- **Explícale qué esperas de él.** Acércalo a ti y, mirándole a los ojos, dile con claridad: «Vamos a ir a comer con unos amigos. Te quedarás sentado a la mesa tranquilamente durante la comida; luego, a la hora del postre, podrás salir a jugar al jardín». Puedes añadir: «Sé que quizá se te hará muy largo, pero estoy segura de que eres capaz de hacerlo» o «Me acompañarás a hacer la compra. Antes de ir al supermercado pasaremos por la tintorería. Compraremos leche, manzanas y pan. No compraremos ni caramelos, ni juguetes ni nada de eso. Así que no hace falta que me lo pidas. ¿Entendido?».

  La ventaja de anticipar las dificultades, además de la posibilidad de evitarlas, es que le transmite al niño que estás junto a él, para ayudarlo, y no contra él.

- **Avísale de lo que va a suceder.** Avisar a un niño de que dentro de poco tendrá que dejar lo que está haciendo puede ayudarlo a gestionar la frustración resultante. Esto es especialmente cierto para los niños que tienen dificultades para afrontar los periodos de cambio o de transición. No quieren dejar de jugar para ir a la bañera, y luego no quieren salir de la bañera para ir a cenar.

«Dentro de quince minutos lo recogeremos todo y volveremos a casa», seguido de «Dentro de cinco minutos quiero que me traigas el cubo y la pala, porque volveremos a casa. Sé que no te apetece, pero ya es hora de volver». Y, para terminar: «Ya es la hora, vámonos».

Los avisos ayudan al niño a prepararse para la frustración. También lo han puesto sobre aviso de que estás decidido a respetar el horario que habíais establecido.

43 Exige en el momento adecuado

> ***«Me di cuenta de que obtenía mejores resultados cuando dejaba que mi hija de ocho años decidiera cuándo hacer lo que le pedía. Por ejemplo, detesta que le diga que tiene que ir a ducharse. Sin embargo, si le digo que tiene que estar duchada antes de la siete, normalmente lo hace.»***
>
> *Una madre*

Dar instrucciones, pedir que hagan algo... parece sencillo, pero no lo es. Hay que conocer varias normas si uno quiere que lo escuchen y lo obedezcan. Cuando empieces a aplicarlas, tu vida cambiará.

Pedir o exigir. Hay que aprender a hacerlo

Muchos padres creen que no deberían tener que pedir las cosas y, sobre todo, que no deberían tener que pedirlo cien veces. Con el tiempo, el niño «debería» saber que no puede jugar con el móvil de mamá, que no puede dejar los juguetes en el comedor, que tiene que ayudar a poner la mesa, que tiene que hacer los deberes antes de ir a jugar, etc. Por lo tanto, «debería» hacer todo eso sin necesidad de que se lo pidamos. En un mundo ideal, quizá. Lo que sucede es que los niños no funcionan así. Y ahora aún menos que antes.

¿Por qué?

Pedir no es nada sencillo. Hay peticiones y peticiones. Para que el niño obedezca, hay que pedírselo de la manera adecuada. La reacción del niño dependerá del tono de voz y de la formulación de la demanda. Esto es especialmente importante cuando el niño es pequeño, porque así aprende desde el principio, nunca es demasiado tarde para hacerse escuchar y obedecer.

Escoge el momento

Si tu hijo está a punto de ganar la partida en línea contra un adversario que juega desde Canadá y le pides que lo deje para ordenar su habitación, no esperes que te responda: «Ah, sí, voy inmediatamente. Gracias por recordármelo» y que apague el ordenador. Y podemos decir lo mismo si quieres que tu hijo pequeño se acueste cuando sus dibujos animados están «a punto» de acabar. ¿Realmente crees que te contestará «Gracias por darme la oportunidad de descansar»? No. En el mejor de los casos, o bien te responderá con indiferencia («Si, ya voy» o se hará el sordo) y, en el peor, empezará a protestar contra lo que percibe como una injusticia. A nadie le gusta que lo interrumpan en plena actividad agradable para ir a hacer algo que resulta desagradable.

Sí, cierto, el niño debe participar en las tareas de la casa y es indispensable que siga cierta disciplina. Sin embargo, las normas habituales deben instaurarse de modo que limiten al mínimo las interrupciones de actividades de ocio o de placer.

¿Cómo?

Si el niño debe hacer algo pronto, lo mejor es informarlo con antelación. Si es pequeño, se le puede decir: «Cuando termines el rompecabezas, ve directo a la bañera» o «Cuando la aguja grande esté arriba, tendrás que apagar la luz». Si es mayor, «Quiero que pases el aspirador antes de la cena. Decide tú el momento» o «¿Cuánto te falta para terminar la partida? Quiero que saques a pasear al perro».

44 Escoge tus batallas

«Los primeros años que trabajé en la guardería me daba la impresión de que me pasaba el día diciendo que no: "No pegues, no muerdas, no llores, no te subas ahí, no tires eso, etc.". Poco a poco, aprendí a seleccionar. Ahora me concentro en lo que puede ser peligroso para el niño o para sus compañeros. El resto del tiempo, alterno entre prohibiciones, aliento, felicitaciones...»

VALÉRIE, auxiliar de puericultura

No todo merece convertirse en fuente de conflicto. Es importante «escoger» y mantener la calma, para no acabar donde no se quiere llegar.

Céntrate en lo que verdaderamente vale la pena

Si no quieres que la casa se convierta en un campo de batalla donde todo acaba en conflicto, limita los temas sensibles. No seas como la madre de un niño de doce años que me explicaba que su madre le «comía la cabeza» por todo: cómo se vestía, cómo comía, qué comía, su corte de pelo, el estado de su habitación, sus notas... y todo el día así. El niño deseaba disfrutar de momentos de conversación y de complicidad con ella, pero era imposible hablarle sin recibir críticas. Y eso lo hacía enfadar. Esta madre sólo quería el bien de su hijo y ayudarlo a mejorar, pero se olvidaba de «seleccionar».

¿Cómo?

Cuando los niños son pequeños y se dedican a explorar la casa y a tocarlo todo, tenemos la impresión de que nos pasamos el día diciendo que no. Cuando esto sucede, hay que reflexionar sobre qué es lo verdaderamente importante. Cada cosa a su tiempo.

Sólo merece atención lo que suponga (o pueda suponer en el futuro) un problema para el niño o su entorno. Por el resto de cosas, como que no le guste el melón, que se haya olvidado de prepararse la mochila, que se quiera poner una camiseta granate con los pantalones de color marrón o que no haya dicho «gracias», no vale la pena entrar en conflicto.

Conserva las riendas

A veces, mantener artificialmente el conflicto acerca de un tema anodino evita trasladarlo a otro.

¿Un ejemplo?

Corinne tiene una hija de quince años, Margot. A menudo, cuando Margot sale para el instituto, Corinne le dice que no se ha peinado bien, que la raya le ha quedado torcida o que se ha puesto el pasador mal... Y Margot se enfada: «Deja de meterte conmigo, voy bien. Lo he hecho así a propósito. Me peino como me da la gana». Esta escena, en sus muchas variantes, se repite casi a diario.

Corinne me confesó que lo hacía deliberadamente: «Como los adolescentes tienen que oponerse, creo que vale más poder escoger el campo de batalla. Si reacciono ante su peinado, no tendrá necesidad de provocarme con cosas más graves».

Esta anécdota tiene una continuación divertida. Una mañana como las demás, en que Margot se quejaba de los comentarios de la madre, añadió: «El día que no me digas nada sobre el peinado, me parecerá que me he vuelto invisible».

Al final, y de un modo muy agudo, acabó entendiendo que la atención de su madre era una muestra de amor.

45 Utiliza el reloj y el temporizador

«Desde que nos dedicamos a "ganar" al temporizador, mi hijo hace en tiempo récord lo que antes requería muchísimo tiempo y energía.»

Un padre

El inventor del temporizador de cocina quiso ayudar a los cocineros a recordar que tenían la tarta en el horno o a hacer los huevos pasados por agua al punto. Seguro que no se le ocurrió que su invento sería una ayuda inestimable para muchísimos padres a los que les cuesta conseguir que sus hijos les hagan caso.

¿Para qué sirve el temporizador?

Es de gran utilidad a la hora de entender qué es el tiempo y de organizar las actividades o una rutina. Puede ayudar a que el niño se levante, se acueste, recoja sus cosas, le dé de comer al pez, ponga la mesa, salga de la bañera, se vista, etcétera.

¿En qué casos?

Cuando los padres quieren que el niño haga algo, en lugar de decir: «Cuando tengas un momento, recoge tus cosas» deberían decir: «Tienes cinco minutos para recogerlo todo» o «Cuando suene el timbre, sales de la bañera». ¿El niño protesta? Al temporizador le da igual.

¿Por qué funciona tan bien?

Porque los niños pequeños tienen una tendencia natural a querer superar los desafíos y a vencer a un artilugio mecánico que hace tictac.

Cuando la madre de Marion, que normalmente va muy lenta, le dice: «Apuesto a que no eres capaz de acabar de vestirte antes de que suene. Lo pongo para dentro de diez minutos», Marion sale corriendo hacia su habitación. «Samir, tienes que aprenderte dos párrafos de memoria. Pongo el temporizador para que suene dentro de quince minutos. A ver si eres capaz de aprendértelo todo antes de que suene.» «¡Ya verás como sí!»

Evidentemente, las reglas del juego deben permitir que el niño gane siempre que se lo proponga; es decir, el tiempo que se le conceda, sin ser excesivo, debe ser suficiente.

Cuando los padres tienen más de un hijo, a veces organizan competiciones entre ellos para conseguir sus fines: «El primero que termine el plato, escoge el yogur» o «El primero que se meta en la cama, escoge el cuento». Cuando el niño está solo, compite contra el temporizador. El principio es el mismo: o gana él o lo hace la máquina.

Además de que a los niños les encantan los retos, el temporizador es eficaz porque no se lo puede manipular emocionalmente. Con él, es imposible poner a prueba los límites. No hay modo de ponerlo nervioso. El problema que antes enfrentaba al niño con sus padres lo enfrenta ahora con una máquina. Si el niño protesta, el temporizador sólo tiene una respuesta: «tictac, tictac, tictac...».

¿Cuáles son las ventajas?

Son muchas:

- El temporizador permite los desafíos.
- No se enfada.
- Es imposible enfadarse, discutir o negociar con él.
- El tiempo no se alarga. Cinco minutos son cinco minutos.
- El resultado carece de toda ambigüedad: el niño ha hecho o no ha hecho lo que se le ha pedido. En caso afirmativo, se lo felicita y la vida continúa. En caso negativo, si el niño no entra en el juego, se prueba con otra estrategia.

Reloj de pared

Ofrece las mismas ventajas que el temporizador: es imposible enfadarse con un reloj y tampoco se puede negociar con él para que nos conceda unos minutos más frente al televisor.

¿En qué casos?

El reloj de pared no sirve para plantear desafíos, sino para asentar las normas. Por ejemplo, la norma «A la cama a las ocho», puede convertirse en «Mira el reloj, son casi las ocho, acuérdate de cepillarte los dientes» o, si se trata de un niño más pequeño: «Te puedes quedar en el comedor hasta que la aguja pequeña llegue a las ocho y la grande esté arriba». Si el niño protesta, mantente impasible: «Ya sabes la norma: a las ocho, a la cama. Y mira, ya son las ocho, así que a la cama».

46 Acepta los compromisos

A Matthieu le toca quitar la mesa, pero tiene un examen de matemáticas al día siguiente, así que, por una vez, se vuelve a estudiar en cuanto termina el postre. Ya lo compensará mañana. Todo el mundo tiene parte de lo que deseaba, pero no todo. ¡La situación manda!

Las normas son las normas, pero deben adaptarse a los momentos y a las situaciones concretas. Sobre todo cuando se trata de niños más mayores.

Soluciones para que todos ganen

Con esta técnica, ni gana el padre, que «aplasta» al niño con su autoridad («¡Es así y punto. Yo decido!), ni el niño, que consigue que el padre ceda de puro agotamiento.

¿Cómo funciona?

Los dos dicen lo que tienen que decir y aceptan jugar al juego del debate hasta llegar a un acuerdo. Por un lado está mi opinión y, por el otro, la tuya. Quizá, con un poco de creatividad, seremos capaces de encontrar un tercer camino que tenga en cuenta las dos. Por ejemplo, tú quieres que tu hijo se acueste ahora mismo, pero él quiere acabar de ver los dibujos animados: podéis decidir que se quede hasta que termine el episodio que está viendo.

Con frecuencia, es mejor llegar a un compromiso

En la medida de lo posible, es preferible llegar a una solución en la que «todos ganan».

¿De qué se trata?

Con los más pequeños es muy sencillo. Naïma, de veinte meses de edad, se acerca poco a poco al móvil de su madre, un objeto que le está totalmente prohibido. Su madre la mira con cara adusta. Naïma tiende la mano, toca rápidamente el teléfono y se aleja a toda velocidad. La madre no dice nada. La pequeña ha ganado: ha tocado el teléfono y ha desafiado a mamá. Y la madre también ha ganado: ha bastado una mirada para que la niña renuncie a coger el objeto.

Tres o cuatro años más tarde, es habitual que sea uno de los dos protagonistas el que sugiere una solución en lugar de dejar que se desencadene el conflicto. «¡Grégoire! ¡Ven a poner la mesa!» «Vale, pero no pienso hacerlo solo» o «Vale, pero deja que antes acabe el rompecabezas».

La mayoría de las veces, las soluciones en que nadie pierde son soluciones de compromiso. Nadie obtiene todo lo que quería, pero todos consiguen algo. La solución ha sido una negociación.

Autoridad preservada

Negociar no supone un menoscabo de la autoridad. Muy al contrario. Cuanto más se acerca el niño a la adolescencia, menos posible es imponerle una decisión y más aprecia la abertura de mente de que hace gala la persona con quien negocia. El niño se siente escuchado y respetado en sus peticiones y puntos de vista, lo que hace que esté más dispuesto a hacer concesiones.

Sentir que se tiene en cuenta su opinión contribuye a reforzar la confianza en sí mismo.

Capítulo 4

El lenguaje de la autoridad

47 Di «no» o «basta» y dilo en serio

«Ingenuamente, creía que mi hija sabría que cuando le decía que "no" tenía que parar. Parecía sencillo... Pero no tardé en darme cuenta de que las cosas no funcionan así. ¡Tuve que aprender a cambiar de estrategia!»

Un padre

Hay que pensárselo bien antes de decir que no, porque dar marcha atrás puede ser problemático. Tu hijo debe entender qué quieren decir tus palabras. Cuando le dices que «no», es muy importante que la palabra tenga un significado concreto. Muchos niños no entienden el «no» como una respuesta, sencillamente porque se han acostumbrado a que no lo sea.

Evita los «noes» flexibles

Si has acostumbrado a tu hijo a que tu «no» significa «ahora no, luego», «quizá» o «vuelve a pedírmelo», no es sorprendente que no te obedezca.

Tu «no» debe venir acompañado de actos. Si le dices que no a tu hijo, él persiste en su conducta y tú no intervienes, pierdes toda tu autoridad y tu poder de convicción. Le estás enseñando que «no» significa: «No estoy de acuerdo con lo que haces, pero tampoco te lo voy a impedir».

Un «no» flexible es un «no» que se transforma en «sí» cuando el niño insiste o presiona de mil maneras.

Es preferible decir «Sí... sí... sí, pero es la última vez...» que «No... no... no, bueno, de acuerdo, pero ¡sólo por esta vez!».

Reflexiona, di que no y explica brevemente el motivo de tu negativa. Y punto. Si tu hijo reclama o insiste, el silencio será la respuesta más eficaz. No te dejes arrastrar a discusiones interminables.

Y recuerda siempre que tú eres el juez, no el abogado.

Si le dices a tu hijo «No, no vendré a traerte un tercer vaso de agua a la cama», no vuelvas. Si no, ¿qué crees que pasará al día siguiente?

El tono debe acompañar a la palabra

¿Con qué tono de voz le dices «no» a tu hijo? Por lo general, entiende el significado de tus palabras en función del tono de voz y de la actitud con que las pronuncias. Asegúrate de que todo tu lenguaje no verbal transmite que hablas en serio.

El «no» debe pronunciarse con voz firme y clara y con un tono ligeramente más elevado que el habitual, pero sin gritar. **El tono de voz, los gestos y la mirada deben comunicar que hablas en serio y que no vas a cambiar de opinión.**

A los niños pequeños les encanta «jugar al no»: pronunciarlos, provocarlos, ensartarlos como si fueran cuentas de un collar. ¡Atento! No permitas que los noes se disuelvan en el juego o en el humor; de otro modo, no te tomarán en serio cuando sea necesario.

48 Dota de significado a tus palabras

Tus palabras deben tener un significado real. Si no, es mejor que no digas nada: las palabras desprovistas de significado sólo consiguen minar tu autoridad.

Tu «no» debe significar que «no». Y lo mismo con el resto de palabras.

No soy demasiado amiga de amenazas ni de ultimátums, pero a veces pueden ser útiles. Con una sola condición: hay que cumplirlos.

Cuidado con los ultimátums y las amenazas

Antes, bastaba con decirle a un niño «Ya verás cuando tu padre llegue por la tarde» o «Si tengo que levantarme, lo lamentarás...» para que volviera al orden. Jamás se informaba al padre de lo que había sucedido y nadie tenía que levantarse, porque la amenaza era suficiente. Los niños sabían que iba en serio. Sin embargo, lo que antes funcionaba ha dejado de ser efectivo.

¿Por qué?

Ahora, cuando oyen «Date prisa o me iré sin ti» o «Vístete o el domingo no vendrás a casa de la abuela», la mayoría de los niños no hacen el menor caso, porque saben que la amenaza jamás será ejecutada. Una vez, incluso oí a un padre espetarle a su hijo: «¡Cálmate o llamo a servicios sociales!».

Por lo tanto, si un día dices: «Dejad de pelearos o damos media vuelta y volvemos a casa» y tus hijos siguen peleándose... ¡da media vuelta!

¿Qué se puede hacer?

La técnica es muy sencilla. Vale más que te muerdas la lengua antes de hablar si no quieres atraparte a ti mismo. Las amenazas sólo funcionan si se recurre a ellas con cuentagotas. El objeto de la amenaza debe ser claro, realista, preciso y justo. Si lanzas un ultimátum, debes estar dispuesto a cumplirlo, sea cual sea la reacción de tu hijo.

Dile con claridad qué esperas de él, en qué espacio de tiempo y qué sucederá si no lo hace. Escoge una única consecuencia, creíble y aplicable. Entonces, aplícala inmediatamente si no hace lo que le has pedido. Es el único modo de conservar la credibilidad a ojos de tu hijo.

49 Limita los «noes»

Decir que no es como agitar un capote rojo. A veces es indispensable, pero en otras ocasiones es posible probar con métodos más diplomáticos. Hay muchas maneras de decir que no.

No hay nada más penoso, ni para los padres ni para los hijos, que los «noes» pronunciados a lo largo del día. Sin contar con que se corre el riesgo de que el niño adopte la misma actitud. Hay días en que tenemos la sensación de que la única palabra que sale de nuestra boca es «no», sobre todo si hablamos con un niño pequeño en plena fase de «quiero tocarlo todo». Los padres acaban agotados y los niños desesperados, porque lo único que hacen es poner de manifiesto la gran curiosidad que les despierta el mundo que los rodea. Cuando crecen, no les gusta nada que sus demandas se resuelvan con una respuesta tan seca. Por lo tanto, hay que hacer gala de un poco de mano izquierda y de imaginación.

Decir que no de otra manera

- **Lenguaje corporal.** Dar un paso atrás, poner el cuerpo en tensión o mirar con franca desaprobación o inquietud pueden bastar para detener a un niño pequeño. Suelen comprobar cómo los miran sus padres cuando se lanzan a una actividad que creen que quizá no les guste demasiado. «Leerá» muy bien la desaprobación en la actitud de su padre o de su madre, porque está acostumbrado a leer en ellos el interés, el afecto y el aliento. El rostro transmite claramente su opinión: «No me gusta nada lo que estás haciendo, y lo sabes. Para».
- **El tono de voz y los sonidos emitidos.** Algunos padres han desarrollado todo un lenguaje, de claridad meridiana para el niño, con el que comunican un «no» inequívoco sin necesidad de pronunciarlo, por

ejemplo mediante chasquidos de lengua y exclamaciones. La intensidad del sonido es directamente proporcional a la gravedad del acto y a la urgencia. Un chasquido de lengua puede equivaler a «Pero ¡bueno! ¿No crees que estás haciendo una barbaridad?».

- **Otra manera de decir las cosas.** En lugar de decir «No toques la arena del gato», se puede decir «Eso no se toca, es caca» o «Eso es caca, no es para Léa». Esta expresión tan sencilla, « No es para...», es eficaz con libros, teléfonos, botellas, objetos peligrosos... Para los niños mayores, detener una conducta puede suponer, en lugar de un «no», una petición precisa, imperiosa y sin recurso posible: «Maëlle, baja inmediatamente de la mesa» o «Antoine, deja ese cuchillo».
- **Ofrecer una alternativa.** Es otra manera de lanzar el mensaje en positivo. «Deja el libro de mamá. ¿Por qué no miras tu cuento?» o «No puedes ver esta película, porque es para mayores de doce años. Pero, si quieres, puedo grabarte esta otra, para que la veas mañana».
- **Preguntar.** «¿Crees que ésa es la manera correcta de sostener la taza?» o «¿Qué crees que hará la gata si sigues molestándola?».
- **Comentar o recordar las normas.** «Mi móvil es una herramienta de trabajo, no un juguete», «Deja el bolso: no es tuyo» o «No es hora de galletas, estamos a punto de cenar».

50 Evita los «pero»

Las frases amables y los elogios pierden su connotación positiva cuando vienen seguidos de un «pero».

Imagina que tu pareja te pregunta si la quieres y que tú le respondes: «Sí, pero...». ¿Qué crees que entenderá él o ella?

Lo mismo le sucede al niño que trae las notas y oye un: «No está nada mal, pero hubieras podido esforzarte más».

El «pero» genera malestar

¿Qué te parecen estos comentarios?

«No te queda mal, pero me gustabas más cuando llevabas el cabello más corto.»

«Te agradezco que hayas puesto la mesa, pero te has olvidado de los cubiertos.»

«La habitación está muy ordenada, pero el armario sigue siendo un desastre.»

Te das cuenta, ¿verdad? El «pero» asocia una crítica al elogio, por lo que resta todo el valor a este último. El niño sólo se queda con la crítica.

¿Qué se puede hacer?

Elimina el «pero» y separa los elogios de las críticas. «¡Genial! Has ordenado muy bien la habitación.» Luego, al día siguiente: «¿Ordenarás el armario esta mañana?».

51 Empieza por el sí

Timothée, de cinco años de edad: «Mamá, ¿puedo poner la televisión?».

«Sí, en cuanto te hayas puesto el pijama y hayas ordenado los juguetes.»

¿Tu hijo te ha pedido algo? ¿Ha expresado un deseo? Empieza por acceder a la petición. Lo que no significa que debas satisfacerla. El deseo es natural y positivo. Tu hijo tiene buenos motivos para desear: en ese aspecto, es exactamente igual que tú.

Acceder a un deseo significa inscribirlo en la dinámica de vida

Los placeres más preciados son los que van en la dirección de una demanda de autonomía. Sin embargo, respetar y reconocer el deseo no significa que deba tratarse como si fuera una necesidad (véase el consejo 29).

En el supermercado, Hugo, de seis años de edad: «¡Mamá, quiero galletas de chocolate, ésas!». La madre sigue empujando el carrito y responde: «Tienen muy buena pinta, sí. Y sé que te gustan las de chocolate. Quizá la próxima vez, porque aún nos quedan galletas en casa».

Eva, de ocho años de edad: «¡Papá, quiero ir al cole en bici!». «Sí, es verdad que sería muy divertido para ti y que irías más rápido. Sin embargo, a esas horas hay mucho tráfico y me dan miedo los coches. ¿Volvemos a hablarlo el año que viene?»

52 Habla el idioma de los pequeños

El diálogo pasa por muchos canales distintos. La forma dependerá de la edad del niño.

Los bebés y los niños pequeños hablan una lengua propia cuyos códigos hace mucho tiempo que los adultos hemos olvidado. Ni siquiera cuando empiezan a hablar y nos da la impresión de que lo entienden todo podemos decir que el niño esté totalmente inmerso en el lenguaje adulto. Se comunica fundamentalmente a través de lo «no verbal», que debemos aprender si queremos comunicarnos con él de forma eficaz. Si le hablamos únicamente con palabras, nos arriesgamos a que no nos entienda. Si nos ponemos a su nivel y aprendemos su lenguaje mientras él aprende el nuestro, no hará falta que repitamos cien veces la misma cosa para que nos haga caso. De hecho, el niño pequeño no tiene ideas preconcebidas. Somos los adultos los que debemos decirle qué es lo mejor para él. Por ejemplo, cada uno en su cama, la hora de acostarse son las ocho... El niño está dispuesto a hacernos caso, siempre que sepamos hablarle en un lenguaje que entienda.

Comunicar con el cuerpo

Esto se traduce en las conductas de ternura y de proximidad físicas. Cuando habla con el cuerpo, el niño habla también a través de las dolencias, los vómitos o la fiebre que aparecen cuando los padres salen a cenar. Habla cuando se revuelve porque se opone a los padres (no quiere que lo cambien, etcétera).

Para nosotros, hablarle al cuerpo, además de las caricias, las cosquillas y los juegos en la bañera, es también agarrarlo de la mano y apartarlo de la travesura que está a punto de cometer, o detener la mano que acaba de levantar para dar un golpe.

Comunicar con la emoción

El pequeño vive permanentemente sumido en la emoción: ríe, protesta, llora, tiene miedo, se pone mimoso...

Para nosotros, hablar con la emoción consiste en poner palabras a las emociones del niño y a las propias. No debemos reprimir su expresión, muy al contrario: miramos con firmeza, se nos ve cansados, transmitimos alegría con una sonrisa que nos ilumina todo el rostro... La voz también transmite emociones con claridad.

El bebé también se comunica así: se agita cuando no está de acuerdo; se aleja a toda prisa; lanza el plato al suelo cuando ya no tiene hambre; se pone la chaquetita si quiere salir; nos mira fijamente mientras tiende la mano hacia el objeto prohibido...

Para que nos entienda, debemos hablarle también con nuestra conducta: ir a buscarlo y agarrarlo de la mano si no viene cuando lo llamamos; retirarle el plato si mete las manos dentro, etcétera.

Comunicar con los ojos

Si no capturamos la mirada del niño, nos será imposible conseguir que nos escuche. Si no lo miras, el niño se siente autorizado a seguir haciendo lo que no oye. Esto es cierto del niño pequeño, que no nos mira a la cara si no es para provocarnos. Y también lo es del niño más mayor, que hace una travesura y al que le decimos, mientras le levantamos la barbilla: «Mírame cuando te hablo». Y también lo es, ciertamente, del adolescente rebelde que no levanta la mirada del libro cuando intentamos hablar con él.

En resumen, si queremos hablar el idioma del pequeño que acaba de cometer una travesura para que nos entienda perfectamente, debemos llamarlo por su nombre, cogerlo de la mano, bajar a su altura y establecer contacto visual, mirarlo con firmeza, hablarle con voz firme y explicar la norma con palabras sencillas. Después, pasamos a otra cosa.

53 Aprende a callar

«"Las palabras que no se pronuncian son las flores del silencio." Este proverbio japonés me gusta muchísimo. Entiendo que significa que las palabras que no digo sólo hubieran causado dolor y que el silencio puede ser beneficioso en situaciones de conflicto.»

Una madre

El silencio es oro. Recuérdalo. Con frecuencia, no hay nada más precioso, más pertinente y más eficaz que callarse. Es posible que, como a muchos padres, te cueste asumir esta verdad. A lo largo de los últimos treinta años se nos ha repetido tantas veces que hay que hablar con los niños que la idea de callarse puede resultar extraña.

Para disciplinar y evitar conflictos

El silencio es una de las herramientas más útiles de que disponen los padres. De hecho, podríamos decir que es la primera línea de defensa en caso de conflicto: si no quieres entrar en una discusión, calla. Sin interlocutor disponible, la discusión será brevísima.

Los padres suelen estar convencidos de que tienen la obligación de explicarse siempre y de proporcionar largas argumentaciones lógicas para convencer a sus hijos. Sin embargo, los niños detestan que los sermoneen. Además, cuando están enfadados, son incapaces de oír nada.

Sí, es cierto que la comunicación es muy importante, pero en el momento adecuado.

No estás obligado a responder a todo lo que sale de la boca de tu hijo, ya sean provocaciones, exigencias, palabrotas o recriminaciones. En realidad, lo más recomendable es callar y poner fin a una discusión que no llevará a ninguna parte. El niño no tardará en callar también. Y todos recuperaréis la calma.

La situación en que el silencio revela su mayor utilidad es, sin duda alguna, aquella en que el niño se queja sin cesar por algo que, de momento, tú no puedes resolver. Se lo has explicado, le has prometido una solución en el futuro, has demostrado empatía. Ahora, lo mejor es el silencio.

Para escuchar mejor

Cuando se discute con un niño, es habitual que callar, o al menos ser muy prudente con la formulación de lo que se piensa, sea la actitud que más propicia el diálogo. Es algo tan paradójico como complicado de hacer. Querríamos discutir con el niño como lo hacemos con un adulto, o influir en él con nuestros consejos y opiniones. Cuando ha pasado por una experiencia dolorosa o está a punto de estallar a causa de una emoción negativa, puede resultar muy difícil no acudir inmediatamente a su rescate o abalanzarnos sobre él para tranquilizarlo. «No te preocupes, no pasa nada, ya verás que mañana estarás mejor» o «Voy a buscar a papá, para que lo hablemos juntos».

¿Por qué?

Con frecuencia, incluso las intervenciones que parten de la mejor de las intenciones socavan la seguridad del niño en lugar de convencerlo. En este caso concreto, impedimos que aprenda a gestionar las emociones dolorosas y a encontrar soluciones por sí mismo. También es muy probable que lo que le propongas no sea lo más adecuado ni lo que el niño esperaba: no necesitaba consejos, sino sentirse escuchado.

A veces, es necesario que los padres renuncien a su deseo de responder directamente a las preguntas y de desarrollar su propio discurso y que, en lugar de eso, escuchen de verdad al niño, más allá de las palabras.

54 No razones antes de tiempo

Conocer a los hijos, entenderlos y saber que no son adultos en miniatura, sino que tienen su propia manera de funcionar, permite evitar múltiples crisis y decepciones.

Creer que el niño es «como nosotros, pero en pequeño» puede provocar verdaderos desastres. Esta idea suele estar acompañada de la convicción de que el niño es naturalmente bueno, generoso y razonable.

Es imposible razonar antes de la edad de la razón

Muchos padres están convencidos de que si su hijo se porta mal es porque no le han dado la información suficiente para que pueda llegar a la conclusión adecuada.

Entonces, los padres vuelven a explicar, multiplican las palabras y dan razones lógicas, como harían con un adulto. Aunque puede ser útil, normalmente es ineficaz.

Explicarle a un niño de siete años que no puede darle patadas a su hermana pequeña porque le hace daño, porque a él no le gustaría que le hicieran lo mismo y porque eso hace enfadar a los padres, y recibir como respuesta un: «¡Ah, claro! Tenéis razón, no lo había pensado. Ya no lo haré más» es un milagro. Si te sucede algo así, te ruego que me escribas para presentarme a tamaño fenómeno.

Es crucial que asumamos que no podemos esperar que el niño se muestre de acuerdo con nosotros cuando lo disciplinamos. Además, supone un gran alivio: las reacciones del niño son normales y no significan que los padres no sepan qué hacer con él.

Los niños pequeños son egocéntricos e ilógicos por naturaleza

Para que la disciplina tenga sentido y pueda evolucionar hasta convertirse en autodisciplina, hay que dar explicaciones. Sin embargo, la explicación no es lo que modificará con rapidez la conducta del niño.

¿Por qué?

Los padres que pasan demasiado tiempo dando explicaciones y razonando con el niño acaban por cansarlo. Los más pequeños desconectan y los más grandes protestan o, directamente, se marchan. Los padres ven que el niño persiste en su conducta, lo entienden como una demostración de mala voluntad y se enfadan. No suele acabar muy bien.

Muchas veces me acuerdo de una madre joven que me decía lo siguiente acerca de su niño de seis años: «Pero ¿por qué no puede guardar los zapatos en el zapatero cuando entra en casa? ¡Yo bien que lo hago!». Claro que sí, pero los niños no son como nosotros. Obedecen a motivaciones muy distintas que nosotros hemos olvidado hace mucho.

Los niños pequeños no son ni generosos ni razonables. Son egocéntricos e ilógicos (o, mejor dicho, tienen una lógica personal y muy peculiar). La tarea de los padres consiste, precisamente, en ayudarlos a evolucionar.

55 Habla en primera persona

Cuando el adulto habla en primera persona, habla de sí mismo, de sus emociones y de sus dificultades. Así, se evita que el niño se sienta atacado e, incluso, quizá se lo motive a ayudar.

Es la manera más sencilla de explicarse y de defender una postura. Lo que dices tiene que ver contigo y no agrede al interlocutor.

En la disciplina y en la exigencia

Es mejor decir «Estoy nervioso» que «Me pones nervioso».

¿Por qué?

Hablar de uno mismo permite:

– Dar instrucciones claras: «Quiero que te duches ahora».

– Transmitir las intenciones: «Te confiscaré la bicicleta si no ordenas el garaje».

En la discusión y en la crítica

Por lo general, las cosas pueden decirse como mínimo de dos maneras, y cada una acarreará consecuencias distintas. Si empleamos el «tú», los padres critican y responsabilizan al niño del problema, por lo que se siente atacado y se defiende. El conflicto acaba de estallar.

¿Por qué?

La actitud más habitual cuando queremos que un niño abandone o modifique una conducta consiste en intervenir y en hablar en segunda persona. Por ejemplo: «Me estás agobiando», «Comes como un cerdo» o «Como sigas así, te vas a ganar unos azotes». Tal y como sucede con cualquier juicio de valor, crítica o amenaza, la persona a quien va dirigida reacciona inmediatamente adoptando una actitud defensiva o agresiva.

Hablar en primera persona es mucho más eficaz. Permite colocarse frente al otro con tranquilidad y describir los hechos con más objetividad y sin agresividad. Por ejemplo: «Tantos gritos me dan dolor de cabeza».

¿Cómo?

Si debes abordar una conducta problemática, es importante que lo hagas en primera persona y expongas los hechos, pero sin acusar al niño. Por ejemplo: «Cuando tengo que esperar tanto tiempo a que acabes de prepararte, llego tarde al trabajo» o «No puedo hablar por teléfono con el volumen del televisor tan alto».

La pauta es muy sencilla: «Me siento... cuando tú...». En la segunda parte de la frase se describe la conducta problemática del niño. En la primera, las consecuencias, ya sean emocionales o materiales, para ti. Y luego, silencio.

56 Pídelo con buenos modos

Recuerda que tú eres el adulto, el que da las consignas. Él es el niño, el que protesta. Cada uno tiene su papel.

Dar instrucciones parece muy sencillo, pero no lo es. La forma en que se hace es fundamental.

Empieza siempre por el contacto visual

No hay peor sordo que un niño que no nos mira. Si aún es pequeño, agáchate y ponte a su altura. Si es más mayor, haz que aparte la mirada del ordenador o del televisor. No hables hasta que hayáis establecido contacto visual.

Sé breve

La directiva principal debe estar contenida en la primera frase. Cuanto más se alargue, mayor es el riesgo de que el niño se canse y desconecte. Cuanto más argumentes y te justifiques, más convencido estará el niño de que no estás seguro de lo que dices. Si percibe que te molesta tener que pedirle algo, es muy poco probable que te haga caso.

Sencillez y precisión

Las palabras sencillas y las frases cortas garantizan que te entiendan y apenas dejan espacio para las interpretaciones incorrectas. La precisión elimina la posibilidad de duda y de confusión: «Es que no había entendido que querías que lo hiciera en seguida...».

Pídele que repita lo que le acabas de decir

Primero, para estar seguro de que te ha entendido. Segundo, para que haga suya la instrucción. Si no lo puede repetir, es que te has extendido demasiado o que te has expresado de una manera complicada o confusa. Sé más claro: simplifica y céntrate en lo esencial.

Habla con tranquilidad y en voz más bien baja

Si el niño grita, baja aún más el tono de voz. Demuestra empatía por sus protestas: «Entiendo que tengas ganas de quedarte un rato más en la cama, pero es hora de levantarse y de prepararse». Tu tranquilidad y tu comprensión pueden bastar para calmarlo. De no ser así, lo cierto es que si él está nervioso, no lo ayudará en absoluto que tú también montes en cólera. Tu capacidad para mantener la calma será una válvula de escape para todos.

Pon voz de jefe

Adopta una voz profesional y práctica, sin emociones concretas, una voz que no muestre la menor duda de que será obedecida. La voz del jefe que eres. Una voz que transmita un mensaje claro: «Sé que, probablemente, no te gustará lo que voy a pedirte, pero tienes que hacerlo, y hacerlo ya» o «Pierre, es hora de que te pongas a estudiar».

57 Encuentra las palabras adecuadas

«No es nada fácil saber cómo hay que decir las cosas. A veces tengo la desagradable sensación de que soy un disco que suena en el vacío.»

Una madre

Una vez hayas encontrado el tono correcto, debes buscar el contenido que pueda darte el mejor resultado.

Ve a lo sencillo

El método más eficaz y fácil consiste en recordar la norma o la instrucción y nada más: «¡Nada de mordiscos!», «Diane, acábate los cereales», «Karim, la bañera ya está preparada. ¡Marchando!», «Pierre, baja el volumen», «Nada de palabrotas en casa», «Sarah, el autobús pasa dentro de diez minutos», «¡Agustín, a la cama a las ocho!».

El disco rayado

Esta técnica no podría ser más básica ni más eficaz.

—Camille, a la cama. Ya son las nueve.
—Pero ¡los dibujos aún no han terminado!
—Ya los acabarás de ver mañana. A las nueve, a la cama.
—¡No tengo sueño!
—Si no te duermes en seguida, puedes leer un cuento. Pero son las nueve, así que a la cama.

Camille se queda sin argumentos, así que se va a la cama. Protesta, pero sabe que una norma es una norma.

No pidas permiso

Si le pides permiso a tu hijo, te lo negará inmediatamente.

Por lo tanto, en lugar de «¿Qué te parece si guardas el coche de bomberos (el juego, el teléfono, el libro...) mientras preparo el desayuno?», que tiene muchas probabilidades de provocar una negativa y luego un enfado, cógelo de la mano y dile tranquilamente: «Vamos a guardar el camión y luego desayunaremos».

Muéstrale en qué lo beneficiará a él

Es una fórmula muy fácil de aplicar y muy eficaz: «Cuando..., entonces...» o «Cuando hayas hecho esto, podrás hacer lo otro». Por ejemplo: «Cuando te hayas cepillado los dientes, te leeré un cuento», «Cuando acabes los deberes, podrás encender el ordenador».

El primer secreto es introducir lo menos agradable antes de lo más agradable: los medicamentos amargos pasan mejor con miel. Si empezamos por lo agradable, no nos irá demasiado bien. Si el niño ya ha jugado, se ha relajado y está cansado, es mucho más difícil pedirle que le dé de comer al hámster o que haga los deberes que decirle: «En cuanto le hayas puesto la comida a *Cuqui*, podrás salir a jugar» o «Kevin, lávate las manos ya y dejaré de insistirte».

El segundo secreto es emplear el «cuando» y no el «si». «Cuando hayas ordenado la habitación, podrás invitar a un amiguito a jugar» funciona mejor que «Si ordenas la habitación...». El «si» sugiere que el niño puede escoger. Con el «cuando», se espera obediencia, no hay margen de duda.

Empieza con buen pie

Si el niño está ocupado, llama su atención con una frase como: «Jade, tengo que decirte una cosa. ¿Me escuchas?». Esta introducción llama la atención de la niña y te garantiza que «ha mordido el anzuelo».

Dirígete al niño por su nombre al principio de la frase. Así se sentirá más implicado que por una frase «general» o lanzada al vacío. «¡Clément, es hora de entrar!» es más efectivo que «¡Ya son las siete!».

Evita las formulaciones impersonales que difuminan el mensaje. «¡Parece que es la hora de los deberes!», «¿No crees que ya es la hora de acostarse?». Es mucho mejor ser directo: «¡Inés, tienes que haber acabado los deberes a las siete!».

Puedes empezar tus frases con un «Quiero que...» o «Te pido que...»: «Gabriel, quiero que guardes los zapatos». Dar una orden no está reñido con la buena educación: «Noah, recoge tus cosas y llévalas a tu habitación, por favor». Sin embargo, evita a toda costa pedirle la opinión: «¿Quieres ayudarme a quitar la mesa?». Aunque no sea más que un formulismo, hay muchas probabilidades de que el niño crea que puede responder «no».

58 Comunica en positivo

Cuanto mejor sea la comunicación entre los padres y el niño, más fácil resultarán la educación y el ejercicio de la autoridad.

Comunicarse con el niño no significa que haya que justificar las prohibiciones ni discutir sin fin para reafirmar o cuestionar a diario las normas establecidas. Significa forjar una relación de confianza y comprensión mutuas.

No todos los niños están igualmente abiertos al diálogo. Algunos son parlanchines y desembuchan con facilidad: mantienen a los padres al corriente de los contenidos de su diario íntimo. Por el contrario, hay otros que prefieren conservar su intimidad. Es importante tener conversaciones francas con regularidad, y es responsabilidad de los padres garantizar que se den las condiciones adecuadas para ello. Para ayudar a los más reticentes, es importante mostrarse disponible y abierto al diálogo.

Presta atención

Cuando tu hijo te hable, ya sea para explicarte anécdotas sin importancia o grandes preocupaciones, préstale atención. No hay nada más humillante para un niño que tener la impresión de hablar para nadie. Si en ese momento no puedes prestarle toda la atención necesaria, avísale: «Espera un segundo a que acabe de escribir esta carta y estaré contigo en seguida para que me lo cuentes con todo detalle».

Cuando seas tú quien quiere decirle algo a tu hijo y deseas que te escuche, asegúrate de que has captado su atención. Es decir, de que has establecido contacto visual. Las instrucciones que se dan desde la habitación de al lado, como: «¡No grites, que molestas a los vecinos!» o «¡Ven a poner la mesa!», no suelen ser demasiado efectivas.

Practica la escucha activa

Se trata de escuchar, de descodificar el mensaje del niño y de devolvérselo sin darle nuestra opinión ni ofrecerle soluciones. Le devolvemos lo que hemos entendido.

¿Cómo?

Puede consistir en reflejar las emociones que se corresponden con lo que ha manifestado el niño. Por ejemplo, si un bebé se impacienta: «El biberón ya casi está. Parece que estás enfadado por tener que esperar». O a un niño nervioso: «Me parece que estás enfadado con tu hermano».

A veces, es mejor no hablar demasiado para entender mejor al otro. Y esto aún es más cierto cuando hablamos de un niño, que puede no sentirse «a la altura» en una conversación normal. En la escucha activa, en lugar de formular nuestra opinión, reformulamos el mensaje del niño: lo que ha dicho («Me has dicho que no quieres ponerte esta camiseta») o lo que hemos entendido («Crees que aún te trato como a un bebé»). O alguno de los elementos que nos hayan parecido más importantes y que queramos que desarrolle («¿Has dicho que te sentías raro?»), o la emoción que hemos creído percibir en él («Me parece que esa derrota te ha dolido mucho»).

¿Por qué?

El objetivo de la escucha activa es ayudar al niño a expresarse, además de entenderlo mejor. Lo cierto es que son muy pocas las ocasiones en las que el niño plantea directamente el verdadero problema y, en ocasiones, debemos ser pacientes para ayudarlo. Su primera frase suele tener el objetivo de determinar si ha llamado tu atención y si estás disponible para él. Si la respuesta es que no, no seguirá.

Demuestra empatía

El diálogo irá mucho mejor si demuestras comprensión y si estás atento a las emociones del niño.

Si le demuestras que entiendes sus deseos, sus anhelos y sus impulsos, le será más fácil atender a tus necesidades y a tus instrucciones.

Atención: decirle que lo entendemos no significa que debamos tolerar su conducta. El «no» será más fácil de aceptar si antes le dices que: «Sé que tienes muchas ganas de ponerte el vestido azul, pero...», «Entiendo que quieras ver el final del capítulo, pero...».

59 Explica brevemente tus peticiones

«Siempre es lo mismo. Los mismos reproches, las mismas explicaciones... Así que hago como si escuchara, pero en realidad desconecto.»

LAURELINE, 15 años

Cuando des explicaciones, sé breve. Los niños se cansan de las explicaciones que se eternizan. Las palabras les entran por un oído y les salen por el otro. Es habitual que se las sepan de memoria, porque normalmente les repetimos siempre lo mismo sin resultado alguno.

Explicarse no es lo mismo que justificarse

El objetivo de la explicación no es convencer de lo justificado de la demanda, sino, sencillamente, demostrar que ofrecemos una educación coherente y que nuestras demandas tienen sentido. No buscamos que el niño esté de acuerdo con nosotros.

¿Cómo?

«Necesito que retires tus cosas de la mesa para poder poner los cubiertos» o «Date prisa con el yogur o llegarás tarde a clase».

A veces, el niño responde a las instrucciones con una pregunta: «¿Y por qué tengo que ordenar mi habitación?». Es fácil darse cuenta de que se trata más de demorar la tarea y de alargar la discusión que de una duda legítima. No sirve de nada responder a lo que no es una pregunta genuina. Puedes decir: «Porque lo digo yo». O, todavía mejor: no respondas.

Dar explicaciones

La explicación puede adoptar la forma de un mensaje personal que permite a los padres explicar lo que piensan.

- **Sobre un acontecimiento pasado**: «Me molesta mucho que dejes tus cosas en el comedor, porque si está desordenado ya no es una estancia bonita en la que da gusto estar», «Me ha decepcionado ver que aún no has escrito al abuelo para agradecerle el regalo, porque sé que estará triste».
- **Sobre un acontecimiento futuro**: En este caso, el mensaje personal es de índole preventiva: hablar las cosas puede evitarnos dificultades. «Acompáñame a hacer la compra. Podrás escoger los cereales que más te apetezcan, pero te aviso de que no podremos pararnos en el tiovivo.» «El trayecto va a ser largo, durará unas ocho horas. ¿Qué podemos hacer para que todo vaya bien y yo pueda conducir tranquila?» «Me gustaría que me avisaras cuando abras el último paquete de leche, porque así no me encontraré con que no queda cuando la necesito.»

60 Recurre al sentido del humor

Reír juntos relaja el ambiente y modifica al instante la atmósfera general.

Al contrario de lo que sucede con las palabras hirientes, las que relajan y hacen reír son un arma excelente a la hora de poner fin a una conducta no deseada sin necesidad de dramas. Se trata de usar el sentido del humor como pararrayos.

Confía en el sentido del humor de tus hijos

Si te arriesgas a hacer un comentario divertido, le ofreces al niño una salida honrosa; por lo tanto, es una manera excelente de ejercer la disciplina.

¿Por qué?

Cuando el sentido del humor permite evitar un conflicto, padres e hijos se muestran solidarios, se ríen de lo mismo y avanzan juntos.

Los niños tienen un sentido del humor fantástico. Son los primeros en hacer el payaso. Si lo hacemos con criterio, cuando abordamos sus conductas desde el sentido del humor, abren sus oídos y orientan sus actitudes en la dirección correcta. Los desarmamos y abren el corazón.

¿Cómo?

Félicie sigue en la bañera, a pesar de que su madre ya le ha pedido tres veces que salga. En lugar de enfadarse, entra en el baño, mira a su hija con aire estupefacto y dice: «Pero ¿quién es esta niña? No puede ser mi hija, Félicie es muy obediente, así que seguro que está en su habitación poniéndose el pijama. La niña de la bañera tiene que ser una alucinación, así que voy a vaciar la bañera y ella se escurrirá también por el desagüe...». Félicie ríe y se va a su habitación a ponerse el pijama.

La madre de Steve y de Ben, de doce y catorce años respectivamente y ambos apasionados del cine, regresa a casa. Justo en la entrada, tropieza con los zapatos de los niños y ve que han dejado los abrigos en el suelo y las mochilas de la escuela de cualquier manera. Tiene muchísimas ganas de estallar de ira, como siempre. Sin embargo, esta vez decide respirar hondo y decir a los niños: «¿Dónde está el guión? Esta escena es un desastre, no se corresponde en absoluto con el escenario, porque cuando la madre llega, la entrada tiene que estar en perfecto orden de revista. En fin, vuelvo a salir y repetimos la escena». Y, efectivamente, vuelve a salir, cierra la puerta tras de sí, espera unos segundos y vuelve a entrar: la entrada está ordenada.

Debes diferenciar entre usar el sentido del humor y burlarte del niño

El sentido del humor es un arma que debe usarse con precaución. Si el niño tiene la impresión, ya sea acertada o errónea, de que sus padres se ríen de él o no lo toman en serio, no le sentará demasiado bien. Si ya está enfadado, será difícil que aprecie que se dirijan a él con humor: tú sólo intentas desdramatizar la situación riéndote un poco, pero tu hijo verá burla o sarcasmo en tu actitud, con lo que la situación sólo puede empeorar. Por lo tanto: atención y prudencia. El sentido del humor debe practicarse con mucha delicadeza.

61 Contén las críticas

> ***«Según mis padres, no hago nada bien. Si saco un 7, me dicen que por qué no he sacado un 8. Si corto el césped, me dicen que me he olvidado los parterres. Haga lo que haga, jamás seré como quieren que sea.»***
>
> **SOFIANE, 12 años**

Si queremos que un niño cambie su manera de ser, la crítica es una de las herramientas menos eficaces para conseguirlo. Es mucho mejor valorar sus iniciativas y propiciar ocasiones para que utilice su creatividad y asuma responsabilidades nuevas.

La crítica mata el impulso vital

Si tu hijo te acaba de explicar una anécdota o una situación que le supone un problema, lo último que debes hacer es criticarlo. Si intervienes con una frase del tipo: «Pero ¿cómo se te ha ocurrido hacer tamaña tontería?» o «¿Cómo has podido hacer algo así?», pensará que eres incapaz de entenderlo y que sólo te limitas a juzgarlo. La próxima vez, se lo pensará dos veces antes de confiar de nuevo en ti. Si te ha confesado que ha hecho algo mal, empieza por felicitarlo por su franqueza y su honestidad. Dile que te habrías enfadado mucho más si lo hubieras descubierto por tu cuenta.

Estar constantemente encima del niño y hacerle un comentario negativo tras otro es otra manera de criticarlo. Intenta evitar estas fórmulas: «Deja de fruncir el ceño», «Vuelves a llegar tarde», «¿Por qué no miras por dónde vas?», «¿Has visto cómo has dejado la servilleta?», «¿A eso lo llamas tú peinarse?».

Y suele provocar el efecto contrario

La abundancia de comentarios negativos hace que el niño acabe dudando profundamente de sí mismo. Los estudios han demostrado que no sólo no ayudan a mejorar, sino que provocan el efecto inverso. Jamás debemos subestimar la capacidad de un niño para llevar la contraria. Si un niño piensa que no se lo valora, no se sentirá querido tal y como es ni se sentirá aceptado, por lo que se encerrará en sí mismo.

Las críticas lo desaniman y lo ponen nervioso, por lo que acaba presentando aún más conductas que desearíamos ver desaparecer.

Cuanto más critiquemos a un niño, más nos arriesgamos a que persista en la conducta que deseamos eliminar.

62 Modera las explicaciones

«Pero ¿por qué tengo que irme a la cama?» Antes, los padres no tenían problemas en responder: «¡Porque sí!». Ahora, esta respuesta nos resulta algo limitada. Sin embargo, basta con decir: «Porque ya es la hora».

En caso de conflicto, la tendencia natural de los padres es explicar una y otra vez su punto de vista, justificar sus demandas de manera razonable y debatir, con la esperanza de convencer al niño. Sin embargo, este exceso de palabras es el primer error en cuestión de disciplina.

Ahorra palabras durante el conflicto

Decidir cuándo hablar no es sencillo, pero sí muy importante. Una cosa es segura: cuando estamos en pleno ejercicio de autoridad, no es hora de dar sermones. Hablar en momentos de crisis, cuando todos estamos nerviosos, es lo peor que podemos hacer.

¿Por qué?

Durante el conflicto, ambas partes están sumidas en sus propias emociones. Se corre el riesgo de que las palabras vayan mucho más allá de lo que se piensa en realidad y, además, de que se pronuncien en un tono que no suele ser el más propicio para hacerse escuchar. El niño está tan ocupado por su rebelión interna o su sensación de injusticia que está encerrado en la negatividad: es incapaz de prestar atención y de reconocer que se ha equivocado o que se siente culpable. De un modo u otro, estará a la defensiva y muy poco receptivo. O bien no escuchará nada, o bien tu discurso no hará la menor mella en él.

Discutir agrava la situación

Discutir demasiado es ineficaz a todos los niveles: no sólo no resuelve la situación, sino que suele agravarla. Hablar demasiado puede transformar un desacuerdo leve en un conflicto de pleno derecho.

Es lo que el doctor Thomas Phelan, un pediatra estadounidense especialista en trastornos de atención denomina humorísticamente «el síndrome hablar/persuadir/argumentar/gritar/golpear».

Insiste en que el exceso de palabras y de explicaciones sólo consigue reducir el nivel de cooperación del niño, porque acaba irritado, además de distraído.

¿Qué se puede hacer?

Lo mínimo. Hablar poco y con claridad: «No, no puedes saltar en el sofá, porque se rompen los muelles». «A la cama ahora mismo.»

Si el niño pregunta por qué con tono de mártir, responde una única vez y sé conciso: «Porque ya son las nueve». Si vuelve a plantear la pregunta y te das cuenta de que es para ganar tiempo, puedes decir: «Porque lo digo yo. Basta de discusiones».

Después de la crisis

Una vez haya pasado la crisis y todos hayáis recuperado el buen humor, puede ser positivo hablar del tema.

En ocasiones, es obvio que el niño desafía abiertamente a los padres, que deben afirmar su autoridad sin dejarse manipular. Es lo que sucede cuando los padres perciben claramente que el niño los «busca» (lo hace, puedes estar seguro). El niño, una vez se ha secado las lágrimas y ha agotado el rencor, respeta más a sus padres, que han demostrado firmeza y que, sobre todo, han sabido mantener la compostura. Es el momento de asegurarle que se lo quiere muchísimo, de explicarle lo que ha sucedido y de buscar una salida positiva. El niño debe entender qué puede hacer en el futuro para evitar que se repitan estas crisis.

¿Cómo?

Después del arrebato de cólera infantil, es fundamental que haya una reconciliación, sobre todo si los padres se han dejado llevar por emociones excesivamente fuertes. De otro modo, el niño puede llegar a creer que ya no lo quieren. Es conveniente hacerle mimos y reconciliarse lo antes posible, para borrar cualquier rastro de tristeza y de resentimiento.

Por lo general, sea cual sea la edad del niño, no suele guardar rencor.

Si el niño refunfuña, ¡es porque es un niño! Es el adulto quien debe estar dispuesto a retomar el diálogo y la vida normal una vez pasada la crisis.

Hay que transmitir con claridad el siguiente mensaje: «Haces cosas que no podemos aceptar y nuestra labor es educarte. Sin embargo, te queremos y te querremos siempre».

Apelar al sentido común

¿Por qué resulta tan difícil no discutir en un momento tan crucial?

Desde hace treinta años, se dice a los padres que sus hijos son «personas completas», por lo que deben hablar con ellos. Tanto es así, que los niños de hoy reciben discurso tras discurso, día tras día y año tras año.

¿Cuál es el problema?

Esta situación los irrita más de lo que los convence. Además, cuentan con un magnífico equipo de escucha selectiva: sólo oyen lo que quieren oír y bloquean el resto. Los consejos y los sermones «les entran por un oído y les salen por el otro». Como los padres se dan cuenta de que sus palabras no llegan a ningún sitio, deciden gritar aún más. Con lo que sólo consiguen reforzar el mecanismo de cierre del niño.

Sería fantástico que los niños obedecieran y respondieran de forma positiva a nuestras explicaciones. Sin embargo, no es así. Se nos ha olvidado decir a los padres que hablar y explicarse resulta muy útil en muchos ámbitos, pero no en el de la autoridad. Los problemas de conducta del niño no pueden resolverse apelando a su comprensión y a su raciocinio. Por muy buen comunicador que seas y por mucho que escuches a tus hijos.

¿Cómo?

El sentido común te convencerá rápidamente de que tu hijo, antes de los siete u ocho años de edad, está en un mundo relacional muy distinto al tuyo. No sirve de nada utilizar palabras y razonamientos que él no quiere escuchar y que tampoco puede entender. Por el contrario, le gustan las palabras sencillas y las normas explícitas.

Vale más hablar poco, utilizar técnicas de modificación de conducta (véase el consejo 77) y aplicar correctamente las consecuencias lógicas (véase el consejo 87).

63 Evita la ira

«Hay personas que advierten a gritos. La ira enturbia sus emociones. Hay otras que hablan sin alzar la voz, y lo que dicen nos llega más claramente.»[1]

Tienes todo el derecho del mundo a expresar verbalmente tu exasperación: «Tener que repetir continuamente las mismas cosas me hace enfadar muchísimo. Ya te he pedido tres veces que te bañes; me dices que sí, pero sigues jugando...». Sin embargo, eso no significa que debas tener un ataque de ira.

¿Por qué?

Recuerda las palabras de Marco Aurelio: «Las consecuencias de la ira son mucho más graves que sus causas».

La cólera enturbia la mente de quien se deja invadir por ella. Bajo los efectos de la ira es imposible reflexionar, tomar decisiones acertadas o pronunciar las palabras convenientes. Perder los estribos o estar fuera de sí no es el mejor estado desde el que expresarse. Es preferible esperar a recuperar la calma.

La ira es un mal ejemplo para el niño. Si te dejas llevar por tus emociones de una manera tan ruidosa, ¿cómo le pedirás luego que controle las suyas cuando se tire al suelo en plena calle porque quiere subir al tiovivo? Si de pura exasperación le propinas un azote, ¿cómo le reprocharás que le dé una patada a su hermana pequeña, que le ha quitado los lápices de colores? Tu modo de expresar las emociones justifica el del niño.

Éste usará o se tomará muy en serio las palabras violentas que pronuncies durante un arrebato de cólera. Ya sean palabrotas o insultos, te

1. Jelloun, Tahar ben, *La nuit sacré*, 1987 [*La noche sagrada*, Barcelona, Edicions 62, 1988].

arriesgas a oírlas en boca de tu hijo la próxima vez que se enfade con su hermano o su hermana; y seguro que no te hará ni pizca de gracia. Si son palabras hirientes («Eres malo», «¿Eres tonto o qué?»), te arriesgas a que se las crea, se sienta humillado y se hunda. Los niños no son conscientes de que la ira nos hace decir cosas que no pensamos en realidad y que luego lamentamos; por lo tanto, vale más no pronunciarlas.

La ira de los padres puede asustar a los niños más pequeños. Ver cómo, de repente, un padre protector y admirado se transforma en un monstruo furioso que grita sin cesar puede resultar muy impactante. El niño se siente culpable y desgraciado. Tiene miedo de que le peguen, lo rechacen o dejen de quererlo.

Por el contrario, la ira acaba siendo muy poco efectiva con los niños mayores. Se acostumbran a la ira de los padres y acaban inmunizándose contra ella. «Ya está mamá otra vez con una de sus crisis. Ya se le pasará.» Cierran los oídos y cuanto más gritan los padres menos los escuchan. Y los padres se sienten entonces obligados a gritar aún más...

La ira socava la confianza que debe existir entre padres e hijos cuando aterroriza de verdad al niño por su estallido repentino y sus consecuencias. Si un niño trae malas notas a casa y esto provoca ira y castigos, es muy probable que la próxima vez tenga la tentación de mentir y de ocultar las malas notas. No podréis contar con él para que confiese espontáneamente sus errores y sus travesuras.

La ira es ineficaz. Con frecuencia, vienen a verme padres que no consiguen que sus hijos les hagan caso, sea cual sea su edad. Y eso que se enfadan cada día, les gritan e, incluso, en ocasiones los azotan. Si la ira fuera eficaz, no necesitarían venir a mi consulta. Son actitudes que resultan penosas para todos los implicados y que demuestran ser muy improductivas: criticar constantemente, enfadarse, sermonear con más de tres frases seguidas, padres y madres mártires, etcétera.

Sea cual sea la edad del niño, la ira de los padres es, en el mejor de los casos, inútil. Y en el peor, dañina.

Capítulo 5

Herramientas eficaces de motivación

64 Ofrece opciones limitadas

«Mi hija tiene 4 años y le encanta decidir ella sola. Sin embargo, me he dado cuenta de que si le doy demasiadas opciones se pierde... o responde lo primero que se le pasa por la cabeza.»

Un padre

Dejar que el niño escoja puede resultar útil en muchas situaciones. Sin embargo, debe tratarse de una «elección cerrada», en la que el niño decide entre alternativas concretas, y no de una «elección abierta», en la que se da al niño libertad absoluta de respuesta.

Para modificar una conducta

Los niños pequeños suelen cometer muchas «travesuras» que, con frecuencia, no son más que ideas que se les ocurren y que desean explorar o descubrir. El principio de la elección limitada consiste en cambiar un «no» por dos «sí».

«Nada de galletas en el comedor. Puedes comerlas en la cocina o en el jardín.»

«No lances al suelo los cubos de construcción. Puedes lanzar los cojines o los peluches.»

Para dejar que se afirme

¿Por qué crees que tu hijo se opone con tanta frecuencia a lo que le pides? Porque le da la impresión de que, si acepta, hace lo que tú quieres, no lo que quiere él. Al decidir, afirma su personalidad, gana autonomía y conserva el control.

Si deseas evitar conflictos inútiles relacionados con esta oposición sistemática, permite que tu hijo escoja entre dos posibilidades aceptables para ti.

«¿Quieres ponerte el jersey rojo o el azul?»
«¿Prefieres poner la mesa antes o después de bañarte?»
«¿Quieres una naranja o una manzana?» (En lugar de: «¿Qué quieres de postre?».)

Para disciplinar

Para poder decidir su conducta, los niños necesitan saber qué les espera. Al informarlos, se los responsabiliza, porque deben escoger entre dos posibilidades.

Ofrecer una alternativa ayuda a gestionar mejor la frustración: «Hoy no puedes ir a casa de tu amigo porque ya son las siete de la tarde. Pero si quieres, podemos invitarlo para que venga el sábado».

Alertar de las consecuencias ayuda a «mantenerse a raya»: «Si vuelves antes de las diez, la semana que viene podrás salir otra vez. Si llegas tarde, te quedarás en casa».

En cualquier caso, debes aceptar la elección del niño sin hacer comentarios. No le pongas trampas, y una vez lo hayas dejado escoger, no le digas que ha escogido mal y que hubieras preferido que optara por la otra alternativa. La mejor manera de incitar el conflicto es dañar la confianza.

65 Divide la tarea para simplificarla

¿Quieres que tu hijo mayor corte el césped? Sugiérele, una a una, las tareas previas:

«Saca el cortacésped del garaje», «Ve a buscar el alargador eléctrico», «Enchufa el cortacésped», etcétera. ¿Te parece obvio? A él no. Si le presentas así cada etapa, la tarea le parecerá más sencilla y lograrás el resultado deseado.

Si le pides a tu hijo que, de un día para otro, lave toda la ropa sucia que ha dejado en el suelo de la habitación porque se ha hartado de verla allí, es muy poco probable que obtengas un resultado satisfactorio, incluso si tu hijo pone buena voluntad en hacerlo.

¿Por qué?

La tarea le parecerá gigantesca, casi imposible. No sabrá ni por dónde empezar. Es la imagen de la escalera: desde abajo parece interminable, pero escalón a escalón, conseguimos llegar arriba. En muchas ocasiones, los hijos no cumplen las instrucciones de sus padres porque se sienten impotentes ante la tarea. No saben por dónde abordarla; por eso hay que dividirla y empezar por una parte sencilla y accesible, adaptada a su nivel (de capacidad y de buena voluntad).

¿Cómo?

Divide en etapas sucesivas la conducta que deseas que adquiera tu hijo. En el ejemplo anterior, podría ser así: meter toda la ropa sucia de su habitación en un cesto; separar la ropa clara de la oscura; poner una lavadora; tender la ropa, etcétera.

Enséñale cómo llevar a cabo correctamente cada etapa. Lo mejor es que lo hagáis juntos un par de veces y que luego lo dejes que lo haga solo. No critiques el resultado aunque sea algo imperfecto. Por el contrario, demuéstrale tu satisfacción.

Cuando haya dominado una etapa y haya pasado a ser una costumbre, pasad a la adquisición de la siguiente. Y seguid así hasta el final.

Cuando tu hijo domine el arte de la colada hasta el punto de plancharse las camisetas, ¡felicítale efusivamente!

66 Valora lo que va bien

«Mis padres me hablaban igual que mis profesores: "Puedes hacerlo mejor...". Por bien que hiciera algo, ellos siempre se fijaban en lo que no había hecho. De modo que, al llegar a la adolescencia, empecé a hacer tonterías de las grandes. ¡Así seguro que las veían!»

Nicolas, 20 años

Los niños enfadados y desagradables hacen mucho ruido y se hacen ver. Los niños buenos, o mejor dicho, los que se portan bien, suelen ser silenciosos. Por lo tanto, muchas veces pueden pasar desapercibidos. Tal y como hemos visto, las conductas que no acarrean consecuencia alguna acaban por desaparecer; y es una verdadera pena cuando se trata de conductas positivas. Todos los adultos sufren del mismo mal: se manifiestan sobre todo cuando algo los molesta. Y lo eficaz es justo lo contrario...

Ve las pequeñas cosas «normales»

Estás con tus amigos, charlando y tomando un café. Vuestros hijos respectivos juegan tranquilamente en la habitación de al lado y no se oye ni un ruido. ¿Te levantas para ir a verlos y decirles lo contento que estás porque os dejan charlar en paz? Seguramente no, porque te parece normal. Por el contrario, si oyes gritos o los niños vienen al salón para quejarse, les dedicarás tu atención. ¿Qué has hecho? Has «valorado» la conducta que deseas eliminar.

Seguramente te parece normal que tu hijo ponga la mesa, no pierda piezas del rompecabezas, juegue tranquilamente con el perro o haga los deberes sin rechistar. Pero nada de esto lo es. Si quieres asegurarte de que estas conductas positivas se perpetúan, préstales atención.

¿Quieres que tus comentarios sean aún más eficaces? Hazlos delante de terceros o por sorpresa, cuando menos se lo espere tu hijo.

«¿Sabías que Pablo ha conseguido tres canastas en el partido de esta mañana?»

«¡Marcos, el gato te adora!»

«Me ha alegrado mucho que te hayas puesto con los deberes sin que te lo pidiera.»

Sorpréndele portándote bien

Esto es especialmente importante si los conflictos con tu hijo son casi constantes. Al leer «Valora lo que va bien», quizá haya alguien que se pregunte: «Sí, pero ¿qué? ¡Si sólo hace tonterías!». En estos casos, la necesidad de valorar lo positivo es aún más urgente.

¿Por qué?

Los niños a quienes se devuelve constantemente una imagen negativa de sí mismos acaban identificándose con ella. Se corre el riesgo de que se encierren en su postura de oposición o de agresividad durante mucho tiempo. Y creerán que ya no los quieren.

¿Cómo?

Debes mirarlo de otra manera. En lugar de reprocharle todo lo que hace mal, céntrate fundamentalmente en lo que va bien. ¿De verdad que nada, absolutamente nada de lo que hace tu hijo merece un comentario positivo? Imposible.

«El pijama te queda muy bien. ¡Buena elección!»

«¡Qué bien que te acuerdes de que los tenedores van a la izquierda!»

«Gracias por contestar al teléfono y apuntar el mensaje mientras me duchaba.»

«No sabes cuánto me alegro de ser tu madre cada vez que te oigo reír.»

67 No compares jamás

«"Tus hermanos lo consiguieron (el año anterior, las buenas notas, el conservatorio, la selectividad, el permiso de conducir...), así que intenta hacer lo mismo." Me pasé toda la infancia oyendo la misma canción. Acabé detestándolos por ser modelos tan potentes...»

Lucas, 23 años

A veces, las actitudes de los padres no son graves, pero sí poco aconsejables. Algunas entristecen al niño durante mucho tiempo o socavan su autoestima, mientras que otras, que sólo parecen ineficaces, pueden acabar por ser dañinas.

Tu hijo es único

«¿No podrías hacer caso, como tu hermana?» o «Te portas mucho mejor que tu hermano». Las comparaciones entre niños, ya sean hermanos o no, son desastrosas. Si son desfavorables, minan la autoestima de quien las recibe. Si son favorables, alimentan la rivalidad entre hermanos o amigos.

Es muy posible que un niño decida adoptar a otro como modelo, pero la elección debe ser suya. Por otro lado, no puede convertirse en una persona distinta a la que es. Estará mucho más dispuesto a inspirarse en otro niño si sus padres no se lo encasquetan como modelo a seguir.

Las comparaciones desfavorables no motivan en absoluto.

Lo mejor es demostrarle que se le quiere por lo que es: único.

No pongas el listón demasiado alto

Si lo comparas con otro niño, le das a entender que querrías que fuera de otra manera, distinto, mejor...

Apuntar demasiado alto, querer un niño perfecto o esperar de él conductas que aún no le corresponden por edad, es abocarlo al fracaso. En lo que a él respecta, tú ostentas el saber. Si esperas que se porte de una manera concreta, es que es capaz. Si no lo consigue, es un fracasado.

El objetivo de la autoridad educativa positiva es establecer una buena relación entre los padres y el niño y crear en casa un entorno en el que todos vivan a gusto. En ningún caso se trata de «disfrazar» al niño para que parezca lo que no es y se comporte como nunca lo haría.

Lo que los padres piden a sus hijos no debería depender de un modelo imaginario ideal, sino de lo que es el niño, de su carácter, de sus necesidades, de sus competencias y, fundamentalmente, de lo que la situación exija.

68 Evita las etiquetas

Es un fenómeno que se ha comprobado en múltiples ocasiones, tanto en la práctica clínica como en los laboratorios: los niños tienden a conformarse con lo que se piensa o se espera de ellos.

Los niños se conforman con lo que se espera de ellos. Si se los etiqueta, tienden a evolucionar en consecuencia. Y eso puede ir tanto en su beneficio como en su contra, por lo que los padres deben prestar mucha atención.

Aprovecha su deseo de complacer

Es una certeza: en el fondo, todos los niños quieren complacer a sus padres.

¿Por qué?

Porque, a sus ojos, es la mejor manera de asegurarse de que lo sigan queriendo. Quiere ser lo que sus padres esperan de él, que, normalmente, es que se porte bien, sea amable y estudie. Todos los niños prefieren volver de la escuela contentos, alegres, orgullosos de sí mismos y con buenas notas, que lo contrario.

Básicamente, **el niño quiere que sus padres lo quieran**. Y se da cuenta muy pronto de que, si quiere que lo quieran, le interesa actuar conforme sus exigencias. Sin embargo, hay veces en que es demasiado difícil: las expectativas son muy elevadas. El listón está demasiado alto y el niño se desanima. Si renuncia a ser lo que sus padres esperan de él, puede optar por hacer lo contrario: presentar una conducta infernal o no hacer nada en clase, por ejemplo. Si no puede ser un maestro del éxito, al menos será un maestro del fracaso.

Desconfía de las etiquetas

Querer complacer a los padres es una cosa. Conseguirlo es otra muy distinta. Y resulta mucho más fácil cuando el niño está convencido de que sus padres confían en él y lo creen capaz de lograrlo.

Si le decimos a un niño que es malo, se lo cree. Si le decimos que es bueno, se lo cree también.

¿Cómo?

Si quieres que tu hijo desarrolle una cualidad o una competencia concretas, compórtate como si ya las tuviera o como si adquirirlas fuera fácil para él. Si quieres que tu hijo sea amable, dile que lo es. Si quieres que las clases de solfeo le vayan bien, dile que tiene buen oído desde pequeño. Si quieres poder confiar en tu hijo adolescente, demuéstrale que confías en él.

Evita los juicios definitivos

«Nunca recoges la ropa sucia» es una frase que condena y habla del otro. Lo más probable es que «nunca» sea una exageración, y que pueda sustituirse por un «hasta ahora», para dejar el futuro abierto. Es mejor hablar de uno mismo: «Me molesta muchísimo encontrarme la ropa sucia por el suelo», o incluso: «La ropa sucia, al cesto».

«Siempre has sido un perezoso» o «A Jean se le da fatal el francés» son etiquetas y, por lo tanto, desaconsejables, porque el niño tenderá a conformarse a ellas («¿Para qué voy a intentar cambiar si soy así?»), lo que lo reafirma en la conducta que se quiere corregir o, como mínimo, lo limita y le impide cambiar.

«El médico ha dicho que eres hiperactivo.» Esto no explica nada y puede hacer que el niño quede atrapado en un círculo vicioso. Théo está lleno de energía y corretea por todas partes sin hacer caso. ¿Por qué? Porque es hiperactivo. ¿Cómo lo sabemos? Porque corretea por todas partes. El círculo se ha cerrado, y, así, se evita cuestionar la autoridad o la educación.

69 Aprecia y alienta

«Y practiquen mejor el arte de dar aliento.»

CORNEILLE[1]

Esta técnica es eficaz cuando la conducta que deseamos promover en el niño ya está presente pero, en nuestra opinión, no con la frecuencia deseada.

Un «alimento» esencial

El aliento, al igual que los comentarios positivos sobre lo que son y lo que hacen, es indispensable para que los niños puedan crecer y desarrollarse. Es tan necesario como el agua para las plantas. Es lo que, verdaderamente, los pone en el buen camino. Los padres suelen tener dificultades para integrar esta idea, porque muchos siguen convencidos de que son los comentarios, las críticas y los castigos lo que motiva a los niños a mejorar. Por lo tanto, dedican mucho más tiempo a reñir y a criticar a su hijo que a felicitarlo por lo que hace bien.

Felicitar es mucho más eficaz que castigar. El bastón no sirve de nada.

Apóyalo en su esfuerzo

Todos los niños quieren que sus padres estén satisfechos y orgullosos de ellos. Sin embargo, es muy difícil satisfacer a un padre exigente. El niño necesita sentirse apoyado en su esfuerzo.

1. Corneille, *La Toison d'or*, V5.

¿Por qué?

El aliento motiva a los niños a portarse bien, porque los ayuda a confiar más en sí mismos. Saben que sus padres cuentan con ellos y que confían en su capacidad para hacer mejor las cosas. Interiorizan: «Valgo la pena, soy competente. Puedo influir sobre lo que me sucede. Soy digno de ser amado». No necesitan mostrarse insoportables para poner a prueba a sus padres y llevarlos al límite para convencerse de que los quieren.

Con sus comentarios positivos, los padres apoyan al niño en los esfuerzos que hace para adaptarse a sus expectativas. Si no, ¿para qué esforzarse?

El niño se siente comprendido y aceptado, con sus emociones y con sus imperfecciones.

Encuentra el equilibrio correcto

¿Cómo puedes saber si le haces suficientes comentarios positivos a tu hijo?

Reflexiona objetivamente sobre los últimos días: ¿cuántas críticas, cuantos «noes» y cuántos reproches ha habido? Por otro lado, ¿cuántos comentarios verdaderamente positivos, cuántas palabras de aliento, cuántos elogios por su conducta ha recibido tu hijo?

Si el equilibrio no es de uno a tres o cuatro en favor de los segundos, vas mal encaminado. No te sorprendas de las dificultades con las que te encontrarás durante la educación de tu hijo.

En cierta medida, podríamos decir que lo que provoca las críticas de los padres no es la mala conducta del niño: son las críticas y los reproches demasiado frecuentes los que provocan su mala conducta.

A diario, y siempre que sea pertinente, el niño necesita sentir que se lo anima, que se le dan las gracias, que se lo felicita. Obviamente, con sentido común y sin exagerar.

70 Aumenta la frecuencia de las conductas positivas

Recuerda que casi todas las conductas son aprendidas.

Una conducta seguida de una consecuencia agradable para el niño tiende a reproducirse.

Una conducta sin consecuencias, o seguida de una consecuencia desagradable para el niño, tiende a desaparecer.

Refuerza las buenas conductas

Los padres deben reforzar sistemáticamente lo que el niño ya ha empezado a hacer, pero aún de forma esporádica, si quieren que se convierta en una conducta habitual y duradera.

¿Cómo?

Deben señalar sistemáticamente que han visto y valoran la conducta positiva en cuestión. Cuando sea más frecuente, podrán ir espaciando los comentarios y las felicitaciones. La conducta positiva proseguirá, porque el niño ya la habrá adquirido como costumbre y se habrá convertido en algo agradable que comparte con los padres.

Refuerza también las costumbres

En algunos casos, el niño ya ha adoptado la conducta deseada, pero los padres quieren reforzarla y mantenerla.

De nuevo, la indiferencia puede llevar al resultado contrario. ¡Nada está adquirido para siempre!

Estas conductas deben reforzarse y felicitarse, pero no de forma sistemática.

¿Cómo?

Los comentarios amables ocasionales y las felicitaciones imprevistas son herramientas muy poderosas.

¿Tu hijo de siete años se cepilla los dientes «casi» todas las noches sin necesidad de que se lo pidas? De vez en cuando, dile: «¡Qué bien que te cepilles los dientes tú solo! Tienes los dientes preciosos y blanquísimos, estoy orgullosa de ti» o «¡Qué agradable darle un beso a un niño con aroma a dentífrico!».

71 Elogia y felicita

Atención: elogiar no es lo mismo que adular.

Para que el comentario positivo (el elogio o la felicitación) sea realmente efectivo, debe ser sincero y afectuoso.

Aprende el arte del elogio

Los elogios son mucho más apreciados cuando siguen ciertos principios:

- Al igual que las críticas, deben centrarse en la conducta y no en la persona; **el elogio llega mejor si se centra en la conducta del niño en lugar de en el propio niño**. «Eres muy amable» es menos potente que «Gracias por ayudarme a tender la ropa».
- **La sinceridad y la precisión son importantes.** El niño percibirá mejor la sinceridad del comentario si éste es preciso: «Es admirable que hayas decidido tan rápidamente», «Me gusta que hayas usado tantos colores en el dibujo», «Me alegra que hayas cuidado del compás y que todos los accesorios sigan en la caja», «Gracias por haber fregado los platos». Por el contrario, los elogios vagos apenas tienen incidencia sobre la conducta. Si se le hace un elogio concreto, el niño no sólo se siente querido, sino también visto y reconocido.
- **Los elogios inesperados tienen mucho valor.** El niño saca una nota muy justa en el último control de matemáticas: «Supongo que estás muy decepcionado por la nota, pero que sepas que yo estoy muy satisfecho porque he visto que te has esforzado mucho y estoy seguro de que el esfuerzo acabará dando fruto», «¡Qué ordenada tienes la mesa!» o «¡Gracias por estar tan sonriente esta mañana!».
- **Los niños se sienten muy orgullosos cuando se los elogia en público**, ante el resto de la familia o delante de amigos. Del mismo modo

que podemos motivar a un niño colgando sus dibujos en la puerta de la nevera, también podemos hacerlo verbalmente. Vienen amigos a cenar y admiran lo bien decorada que está la mesa: «No me felicitéis a mí, ha sido Jordan. Ha sido idea suya hacer los ramilletes y elaborar un centro de mesa con ellos».

- Las palabras no son la única manera de elogiar o de motivar. Una sonrisa cómplice, un guiño, un pulgar elevado... que transmitan «¡Bravo!» o «¡Lo conseguirás!», una nota sobre la almohada donde se lea «¡Bien hecho! ¡Gracias!». Son actos sencillos, pero de valor incalculable.
- **Nunca se puede motivar demasiado**, sobre todo cuando el niño tiene dificultades y está a punto de rendirse. Sin embargo, los elogios sí pueden ser excesivos. Y entonces pierden toda su credibilidad. «Eres la niña más guapa del mundo» es aceptable a los tres años, pero no a los ocho. La exageración hace que el elogio sea poco creíble, lo que activa la incredulidad del niño («Lo dices porque eres mi madre, no eres objetiva») y la desconfianza de los adolescentes, que lo interpretan como una forma de manipulación.
- **Si la conducta elogiada ha exigido un esfuerzo concreto**, por ejemplo, una victoria deportiva, un concurso de música para el que el niño ha ensayado mucho, una tarea doméstica ingrata... es normal que los elogios guarden proporción, es decir, que sean efusivos. Por el contrario, si se trata de un acto normal de la vida cotidiana, que los padres esperan pero que no ocurre con demasiada frecuencia, basta con hacerle ver que se han dado cuenta con una sonrisa o un agradecimiento. «Perfecto, te has acordado de apagar la luz cuando has salido de la habitación.»

Refuerza su autoestima

El objetivo de la educación no es que el niño avance para que sus padres lo feliciten, y tampoco para complacerlos. El objetivo es que encuentre en sí mismo la motivación para avanzar y que se sienta orgulloso de sus progresos.

¿Cómo?

Los elogios son un refuerzo externo y, de vez en cuando, deben dejar paso a los refuerzos internos, sobre todo a medida que el niño crece y actúa cada vez menos en función de la opinión y las expectativas de sus padres.

«¿Qué piensas de tus notas?»
«¿No estás orgulloso de lo que has conseguido?»
«Lo has conseguido gracias a tu esfuerzo.»

El niño está orgulloso de sí mismo y su objetivo principal ya no es satisfacer a sus padres: esta sensación lo ayuda a adquirir autonomía y a crecer.

72 Debes saber recompensarlo

El niño debe entender que la buena conducta comporta sus propias consecuencias.

Una recompensa es una consecuencia positiva asociada a una conducta del niño que nos parece positiva y que, por lo tanto, deseamos que persista o siga desarrollándose. Si una conducta viene seguida de una consecuencia positiva para el niño, se ve reforzada y, por lo tanto, hay muchas probabilidades de que se repita. Sin embargo, tal y como sucede con las peticiones, hay un modo de proceder concreto que da a las recompensas toda su fuerza.

Recompensas: manual de instrucciones

- Tal y como sucede con los elogios, que son una forma de recompensa, **deben recompensarse conductas precisas y definidas, no personas**. Tampoco deben ser recompensas demasiado generales, sobre todo si hablamos de niños pequeños. No las entenderían y no sabrían qué conducta deben repetir. Por el contrario, para un adolescente, tiene mucho sentido que se lo recompense por los buenos resultados del curso escolar.
- Si quieres reforzar una conducta, **expón con claridad qué quieres. El resultado debe ser indiscutible: o está hecho o no lo está**. Por ejemplo, puede tratarse de alimentar al periquito cada día antes de cenar.
- Si recompensas una conducta concreta, **ten mucho cuidado y no recompenses inconscientemente una conducta opuesta** o distinta. Por ejemplo, si le ha puesto la comida al periquito, pero has tenido que recordárselo día sí día también, la conducta no es merecedora de recompensa. O, si se olvida de hacerlo y tú lo sermoneas durante

diez minutos, recuerda que tu atención o tu ira pueden ser un refuerzo para el niño.

- Las recompensas pueden darse de una vez, al final. Por ejemplo: «Si pasas de curso sin asignaturas pendientes, podrás ir de vacaciones una semana a casa de tu amigo». Sin embargo, **las recompensas a largo plazo no son eficaces con los niños más pequeños**; es preferible proporcionarlas por etapas, cada vez que lleven a cabo la conducta deseada. Así, el progreso se concreta. Las recompensas «acumulativas» (véase el consejo 73) son perfectas en estos casos.

- Los niños pequeños viven fundamentalmente en el presente, por lo que **la recompensa**, sea de la forma que sea, **debe administrarse rápidamente después de la conducta**. Su eficacia dependerá de esta rapidez. Prometerle a Paul, de catorce años, un coche cuando tenga dieciocho si se esfuerza en el instituto; prometerle a Yasmina, de ocho años, que los Reyes Magos le traerán una muñeca si mantiene su habitación ordenada desde septiembre; o prometerle a Jonathan, de tres años, que mañana irán al tiovivo si hoy se porta bien, no tiene sentido alguno. Los niños no tienen la capacidad ni la madurez mental suficientes para recordar un objetivo a largo plazo y usarlo para modificar su conducta cotidiana. El tiempo es mucho más lento para ellos que para nosotros: si el objetivo está demasiado lejos, pierde todo su interés.

- La recompensa más eficaz es la que llega por sorpresa. Por ejemplo, le has pedido a tu hijo que recoja las hojas muertas del jardín y lo ha hecho sin rechistar y muy bien, o ha sido especialmente amable con la abuela, que ha pasado una semana en casa. Recompénsale por ello cuando no se lo espere.

- La recompensa también puede funcionar en forma de promesa a cambio de una conducta que aún no existe pero que te gustaría ver aparecer algún día. En cualquier caso, son siempre los padres, no el niño, quiénes deben decidir el momento y el modo en que debe ser recompensado, para no enseñarle a mendigar. No hay nada más desagradable que un niño que exige su recompensa por haber hecho un favor o haberse portado bien.

Recompensa también la «normalidad»

Hay padres que piensan que es normal que los niños ayuden en casa o estudien, así que no hace falta recompensarlos. De acuerdo. Si lo hacen por mera convicción, perfecto. Sin embargo, a muchos padres les cuesta conseguir que sus hijos hagan cosas que parecen «obvias».

¿Cómo?

No se trata tanto de recompensar la conducta normal como de mostrar nuestra aprobación ante las buenas costumbres. No hay que recompensar sistemáticamente las buenas notas o la colaboración en casa, pero si se hace de vez en cuando, el niño se da cuenta de que los padres son conscientes de sus esfuerzos y se sienten orgullosos de su actitud.

¿Por qué?

La recompensa permite instaurar una conducta nueva, por lo que deja de ser necesaria una vez se ha adquirido la costumbre. En ningún caso debe convertirse en una especie de salario que el niño recibe sistemáticamente a cambio de conductas habituales. El valor de la recompensa reside en su excepcionalidad y su imprevisibilidad. Hay que ordenar la habitación porque es más práctico y más agradable, hay que comer de todo porque forma parte de la educación, se estudia por el placer que da aprender cosas nuevas y porque así nos preparamos para el futuro, se participa en las tareas de casa porque vivimos juntos y todos tenemos derechos y obligaciones, no para conseguir una recompensa.

73 Escoge bien las recompensas

Recompensar, sí. Pero ¿cómo? Lo fundamental es encontrar algo que complazca a los hijos, pero no necesariamente a los padres, porque los gustos pueden ser muy distintos.

Hay recompensas de distintos tipos. Todo lo que alguien considera deseable puede usarse para reforzar su conducta.

Recompensas emocionales

Recuerda que, para un niño de diez años, el mejor regalo son sus padres. Un momento de intimidad compartida, unos instantes de diversión en común... El niño es muy feliz así. Cuando hablamos de adolescentes, hay que cambiar de estrategia.

El concepto de «recompensa emocional» nos remite a los elogios y las felicitaciones (véanse los consejos 69 y 71). Una recompensa emocional puede consistir en una sonrisa, un beso, una caricia o un elogio ante familiares o amigos. Como con tantas otras cosas, el lenguaje corporal es básico. El niño sabe que sus padres están contentos gracias a él y es feliz de que así sea, lo nota en el tono de voz, el entusiasmo, el modo en que lo miran, el orgullo que lee en sus ojos... Es una forma de recompensa tan sutil como poderosa para los niños pequeños.

Recompensas tangibles

A continuación encontrarás algunos ejemplos de recompensas que suelen complacer mucho a los niños en función de su edad y de su temperamento.

- Ir a comer un helado.
- Poder acostarse más tarde.
- Un juguete.
- Invitar a un amigo a dormir o ir a dormir a casa de un amigo.
- Hacer pasteles o magdalenas.
- Una hora de ordenador o de consola.
- Ir de tiendas.
- Ir al cine.
- Una partida de un juego de mesa que le guste.
- Desayunar en la cama.
- Un cuento adicional en la cama.
- Dormir con el perro.
- Fotografías u objetos para su colección.
- Ir a la piscina.
- Escoger el menú.
- Una camiseta nueva.
- Escoger el programa del domingo.
- Que lo dispensen de una tarea doméstica.

En el caso de niños más mayores, la recompensa puede ser a largo plazo, para exigir un esfuerzo más sostenido. También serán recompensas más importantes: una entrada para un concierto, un CD...

Las recompensas económicas no son convenientes hasta después de los doce años de edad, cuando el niño empieza a tener necesidades que los padres no siempre tienen ganas de satisfacer. Así, engorda la hucha y tiene libertad para comprarse lo que quiera. Sin embargo, estas recompensas deben ser excepcionales. Una recompensa no tiene por qué ser cara. Puede ser simbólica. Lo fundamental es que guste.

Recompensas acumulativas

Son recompensas tangibles que se entregan paulatinamente.

¿Cómo?

En lugar de recibir toda la recompensa inmediatamente o entera tras un número concreto de conductas positivas, el niño recibe tarjetas o puntos, que o bien podrá canjear por una recompensa (véanse los ejemplos anteriores) o bien tendrá que acumular hasta sumar los necesarios para acceder a la recompensa prevista de inicio. La ventaja es que el niño es recompensado cada vez que hace algo positivo: cada vez que alimenta al perro, que se ducha sin remolonear, que se levanta a la primera... recibe la recompensa en forma de los puntos que se le dan, ve cómo se acumulan y mide sus progresos. La recompensa intermedia se ofrece inmediatamente después de la conducta y eso la hace eficaz. La recompensa final se ofrece al cabo de un tiempo, lo que facilita que se instale la costumbre. Los niños pueden valorar una recompensa diferida si pueden visualizar cómo se acerca a través de tarjetas, puntos, o estrellas pegadas a un calendario.

¿Un ejemplo?

En la familia de Christine, los niños reciben tarjetas cada vez que hacen lo que se les pide rápidamente y sin protestar: vaciar la lavadora, tender la ropa, limpiar la bañera, ir a comprar el pan, etc. Se les dan una o dos en función del tiempo requerido y de la dificultad de la tarea. Luego, pueden canjear las tarjetas por tiempo de televisión u ordenador: media hora por tarjeta.

El dinero también puede entenderse como una recompensa acumulativa. Imagina que tu hijo adolescente quiere comprarse un lector de CD y tú decides regalárselo a cambio de que haga de canguro de su hermana pequeña las noches que salís a cenar. Cada vez que sales, mete una cantidad determinada en una hucha. Una vez hayas reunido lo que vale el lector, vacías la hucha y váis juntos a comprarlo.

74 No uses la comida ni la cama como recompensa o castigo

Los castigos y las recompensas más interesantes no son materiales, sino el placer, el orgullo o la desaprobación que los padres manifiestan ante la conducta del niño.

No todo puede convertirse en recompensa o castigo.

La comida

A veces, los padres tienen la tentación de prometer un helado o un caramelo al niño si se porta bien, o de amenazarlo con quedarse sin postre si se porta mal. No es buena idea.

¿Por qué?

La comida es el símbolo del amor incondicional de los padres. Las primeras comidas crean los primeros vínculos entre los padres y el niño. Dar comida es como dar amor. Y retirar la comida es como retirar el amor.

Usar la comida como recompensa o como castigo le otorga un valor relacional y educativo que el niño no tarda en aprender a utilizar también. Los conflictos a la hora de la comida hacen rápidamente su aparición.

El riesgo de obesidad es cada vez mayor. Y aún lo es más cuando la comida se convierte en un instrumento educativo. Una vez adulto, el niño puede tener dificultades para deshacerse de la idea de que comer es un consuelo, una recompensa o un castigo.

La cama

Amenazar al niño con enviarlo a la cama si se sigue portando mal es exactamente lo mismo. Si quieres que tu hijo se acueste sin protestar, es preferible que vea la cama como un lugar maravilloso y que considere que acostarse allí para descansar es todo un privilegio. Si lo conviertes en un lugar de castigo, abres la puerta a los problemas de sueño.

¿Has decretado una «pausa obligada»? (véase el consejo 84). No lo envíes a la cama; haz que se quede en la habitación durante un tiempo determinado, que se desahogue con los peluches, reflexione sobre su actitud o juegue con sus juguetes. Eso no es asunto tuyo.

75 Firma un contrato con tu hijo

Detener una conducta desagradable es cuestión de un segundo. Por el contrario, instaurar una conducta deseable requiere mucho más tiempo, porque no sólo se trata de empezar, sino de manifestarla con regularidad y sin necesidad de recordárselo.

Hay varios motivos que explican la dificultad de conseguir que un niño adopte conductas nuevas:

- El niño ya tiene sus propias costumbres y cambiarlas es muy complicado. Hay que ejercer una fuerza enorme.
- No tiene ninguna motivación para el cambio, a excepción de evitar las regañinas de sus padres, pero para él no son más que un inconveniente menor.

Hacerle ver la necesidad

Imagina un niño de trece años que no ordena su habitación. No hace nada malo, sencillamente lo deja todo por el suelo: la ropa sucia, la mochila, los envoltorios de chicle... Sus padres están desbordados. Cada vez que le piden que ordene sus cosas, les responde: «¿Y a vosotros qué más os da? No es vuestra habitación. Con no entrar, ya está. A mí me gusta así».

¿Cuál es el problema?

Los padres no soportan que en casa haya una habitación tan desordenada y poco aireada. Una vez, intentaron aplicar las consecuencias naturales, es decir, dejar que el tiempo siguiera su curso, pero se derrumbaron antes que su hijo. Es obvio que el desorden les molesta muchísimo más a ellos que a él, pero tienen claro que no son ellos quienes deben ordenar.

¿Qué se puede hacer?

Redactar un contrato que defina con precisión qué debe hacer el niño y cómo lo recompensarán los padres cuando lo haga.

¿Por qué?

El niño no ordenará regularmente su habitación a no ser que esté convencido de que tiene algo que ganar. El contrato es una técnica amistosa y no conflictiva. Se trata de un acuerdo entre el hijo (que se compromete a algo) y los padres (que se comprometen a otra cosa a cambio).

Cuando un niño está motivado, la satisfacción que siente por su propio progreso basta para justificar sus esfuerzos. Es el caso del niño que empieza a practicar un deporte en serio y que entrena para competir. O el del niño apasionado de la música que ensaya dos horas diarias sin tener que obligarlo a ello. En estos casos, basta con darles aliento cuando tengan un día difícil y con felicitarlos sinceramente.

Sin embargo, muchos niños no sienten la menor motivación interna para hacer lo que sus padres les piden. En estos casos, los padres deben encontrar una motivación externa, artificial, que ocupará temporalmente el lugar de la motivación interna ausente. El niño logrará algo que desea y que no tiene nada que ver con lo que se le pide. Como la tarea no tiene, por sí misma, consecuencias positivas para él (muy al contrario, normalmente acarrea consecuencias negativas a corto plazo), los padres deben proporcionarle una motivación externa que haga las veces de refuerzo positivo.

Críticas

¿Por qué los padres no usan más este tipo de contrato tan simple y eficaz?

Hay padres que no están de acuerdo con la idea de recompensar todas las buenas conductas o que entienden este método como una forma de chantaje, cuando no de corrupción. No entienden por qué tienen que decirle a su hijo: «Si lo haces correctamente en el tiempo previsto, conseguirás esto».

Estas reacciones parten de un malentendido. Primero, porque se trata de hacerlo únicamente durante el tiempo necesario para que el niño adquiera una costumbre nueva. Vista la fuerza de la costumbre, una vez se haya instalado, será una conducta sólida. A partir de ese momento, no habrá necesidad de reforzarla para que se mantenga. Si te molesta el término «recompensa», puedes cambiarlo por el de «motivación temporal».

Segundo, porque el niño está de acuerdo con el contrato, no se lo obliga. Ve un beneficio, algo que no sucede con el chantaje. Por último, porque estos tipos de contrato son universales y omnipresentes. No se trata de un chantaje, sino de una negociación entre dos personas con intereses distintos. Es el mismo principio que cuando compras algo. El vendedor quiere dinero, tú quieres el objeto. Canjeáis una cosa por la otra. Tu hijo quiere merendar en la hamburguesería, tú quieres que lave el coche: cambiáis una cosa por la otra. Los dos salís ganando.

En tanto que padres, vosotros sois los «jefes» de la casa. Sois vosotros quienes debéis satisfacer las necesidades y los deseos de vuestros hijos. Sin embargo, también debéis ayudarlos a ser responsables, autónomos y educados. Parte de todo ello se adquiere espontáneamente, pero hay conductas difíciles de iniciar.

¿Qué alternativas hay al contrato asociado a recompensas? ¿Castigos? ¿Gritos y discusiones? ¿El agotamiento de tener que repetir lo mismo mil veces? ¿Las amenazas? No es ni más eficaz, ni más beneficioso ni más ético...

A través del contrato, el niño aprende a asumir responsabilidades y a comprometerse. Y se siente respetado.

76 Consigue que el contrato funcione

Para ser efectivo, el contrato debe ser justo y beneficiar a los dos firmantes.

El contrato es el resultado de la negociación entre los padres y el niño.

Comenzad por escuchar y debatir

Todos queremos algo del otro: tras el debate, nos pondremos de acuerdo sobre los términos del intercambio. El acuerdo debe ser un compromiso mutuo claro y preciso y se escribirá sobre un folio que ambos debéis firmar. Dotar al acontecimiento de cierta solemnidad no hará ningún daño. Para ser efectivo, el contrato debe ser justo y beneficiar a los dos firmantes. Si alguno tiene la sensación de que lo han «timado», le resultará difícil cumplir con sus compromisos. De ahí la necesidad de hablar largo y tendido, con respeto: por un lado, ambos cultivaréis el arte del compromiso; por el otro, los dos tendréis la sensación de que salís ganando.

Comprométete

Tanto el niño como los padres se comprometen a algo concreto, definido y positivo. Deben ser conductas (dar de comer al gato, hacerse la cama...) cuyo cumplimiento sea fácil de verificar.

Si el acuerdo consiste en «ser más amable», no funcionará, porque los criterios de valoración son demasiado ambiguos. Por el contrario, «poner la mesa» o «preparar la mochila la noche antes» son conductas ideales para el contrato.

La recompensa prometida es irrelevante siempre que motive al niño y que los padres estén de acuerdo con ella. En los contratos aparece con frecuencia el sistema de puntos o de cruces sobre el calendario que permiten seguir el progreso día a día.

¿Cómo?

Hay varias maneras de proceder. La más sencilla es la siguiente: los padres de Simón quieren que haga de forma habitual tres cosas que ahora no hace: acostarse a las nueve sin protestar, meter la ropa sucia en el cesto y estirar la funda nórdica antes de salir para la escuela. «Esto es lo que queremos que hagas cada día. Cada día lo comprobaremos. Cada vez que hagas una de las tres cosas, marcaremos una cruz en la tabla. Cuando tengas cincuenta cruces, te haremos un regalo. Decidiremos cuál todos juntos. Si te olvidas de algo, no pasará nada. Si lo recuerdas, conseguirás una cruz.» Una vez se acaba de hablar, se ratifican las decisiones.

Si todo el mundo está de acuerdo, se procede a la redacción y firma del contrato.

Ten en cuenta la edad del niño

Si el niño tiene cuatro años, basta con una sola obligación y la recompensa debe ser rápida (una o dos semanas como mucho). Las tarjetas que acumulará o el placer que sentirá al dibujar él mismo la cruz sobre la tabla lo ayudarán a tener una visión concreta de sus avances. Por el contrario, un adolescente puede comprometerse a más largo plazo. Kim quiere un lector MP3. Sus padres lo han hablado con ella: si mantiene su habitación ordenada, la airea con regularidad, pasa el aspirador cada semana y lleva los platos sucios a la cocina cada día durante tres meses, le regalarán el lector en Navidad.

Dibuja una tabla

Una vez hayáis acordado y firmado el contrato, podéis dibujar una tabla sobre la que seguir el progreso del niño.

En la primera columna, se enumeran las conductas esperadas. El resto de columnas corresponden a los días. Si el niño no sabe leer, se puede sustituir la lista de conductas por dibujos sencillos: una cama, un cepillo de dientes... Si tu hijo ya es adolescente, basta con un calendario sobre el que marcar los días de éxito.

Si el apoyo público y familiar es una ayuda, colgad la tabla/contrato en la puerta de la nevera. Si preferís la discreción, pegadlo en la parte interior de su armario.

Se comprueba a diario si la conducta se ha llevado a cabo o no (sin que se le haya tenido que recordar, claro está). En caso afirmativo, se marca una cruz o se pega una estrella en la tabla. «¡Muy bien! ¡Ya llevas diez! ¡Genial!» En caso negativo, no se comenta el resultado. No hay reproches, ni sermones ni se vuelve a leer el contrato. Sencillamente, una constatación objetiva: «Hoy no te has hecho la cama, no hay puntos».

¿Cuándo se debe parar?

Si no pasa nada rápidamente, no sirve en absoluto dejar que pasen los días. Un buen contrato funciona en seguida. Si no es así, hay que averiguar por qué el niño no ha cumplido su compromiso. Con frecuencia, sucede que el esfuerzo que se le exige le parece excesivo en relación a la recompensa prometida, o bien que la recompensa está demasiado alejada en el tiempo. Hay que volver a hablar y, quizá, dividir la tarea.

Las expectativas de los padres deben ser modestas en los primeros contratos. Si el niño está satisfecho y obtiene puntos con facilidad, será más fácil que luego se implique en cambios que exijan mayor esfuerzo.

Una vez se haya instaurado la conducta, el contrato y las recompensas dejan de ser necesarias. Por ejemplo, cuando la conducta se ha ejecutado sin problemas durante dos semanas consecutivas. Hay que evitar insistir demasiado tiempo en las mismas conductas, porque el niño podría cansarse. Cuando haya acumulado los puntos previstos, es hora de ir a comer un helado y de pasar a otra cosa.

77 Aprende la técnica de resolución de problemas

Cuando la hayas aplicado durante unas semanas, esta técnica puede convertirse en una reacción ante los conflictos tan «natural» como antes lo eran el enfrentamiento o el desánimo.

Se trata de una técnica muy eficaz en los casos en que los padres y el niño llevan mucho tiempo enfrentados por la misma dificultad. Con frecuencia, se trata de conductas que el niño adopta porque le convienen, pero que suponen un problema para los padres. Por ejemplo, dejar los zapatos en el recibidor al volver de la escuela. Una vez que los padres han agotado su paciencia con las técnicas habituales, les queda la posibilidad de aplicar la técnica de resolución de problemas.

El principio

Los conflictos se resuelven en frío y en común, cuando todos dispongáis de unos minutos de tranquilidad.

El adulto habla de sí mismo, describe los hechos y demuestra comprensión. El niño no se siente agredido; muy al contrario, se lo insta a que proponga una solución. Resolver un conflicto de forma adecuada supone encontrar una solución satisfactoria para todas las partes, sin vencedores ni vencidos. El niño, que ha participado en la búsqueda de la solución, se siente motivado a aplicarla. Todos colaboran para mejorar la vida en común.

¿Cómo?

El proceso de resolución de problemas consiste en una sucesión metódica de operaciones cuyo objetivo es imaginar soluciones a un problema y aplicar conductas adaptadas.

Éstas son las cinco etapas sucesivas del proceso: identificación del problema, búsqueda de soluciones, decisión, acción y evaluación.

Decidid dónde, cuándo y con quién

¿Cuándo?

La técnica de resolución de problemas también puede ser útil en situaciones no conflictivas, como cuando hay que decidir algo juntos. Sin embargo, sirve sobre todo en situaciones delicadas como: «Siempre me toca a mí vaciar el lavavajillas. No es justo».

A veces, el problema concierne a toda la familia: la distribución de las tareas domésticas; reparto del tiempo en el ordenador comunitario; «¿Quién se ha bebido todo el zumo?»... En otros casos, sólo concierne a dos personas en desacuerdo: «Ordena la habitación», «Es mi habitación, la tengo como me da la gana».

¿Cómo?

Para aplicar la técnica, se programa una reunión con todos los implicados. Por lo general, es la persona que tiene el problema o que sufre más sus consecuencias quien toma la iniciativa. «Quiero hablar del tema. Sugiero que después del postre nos quedemos todos en la mesa.»

Si sólo concierne al niño, puedes acercarte a él y decirle: «Quiero hablar contigo del orden de tu habitación. ¿A qué hora te va bien que nos sentemos para encontrar una solución juntos?». Escoge un lugar neutral donde nadie os moleste.

Aprende la técnica. Define el problema

¿Quién tiene el problema? La persona que tiene el problema, por lo general el padre o la madre, explica cuál es la dificultad, sus causas y sus consecuencias.

La primera etapa es breve y consiste en plantear la situación conflictiva no como un drama sino como un problema que hay que resolver.

El adulto empieza por definir el problema con claridad: «Tengo un problema. Me molesta mucho encontrarme con vuestros trastos por el suelo cuando vuelvo a casa. Me pone de mal humor durante lo que queda del día» o «Me enfado mucho cuando tengo que repetirte mil veces que vayas a lavarte las manos». «¿Qué podemos hacer?»

Cuando el adulto habla de este modo y admite que es él quien tiene el problema, el niño no se siente atacado y se mostrará más dispuesto a encontrar una solución.

Haced un inventario de todas las soluciones posibles

No impongas tu solución, porque es muy poco probable que llegue a ser aplicada. Pide a todos los implicados que propongan soluciones, inclusive las más estrafalarias.

La idea es que todos puedan proponer sus soluciones sin que ninguna sea censurada, por poco razonable o extravagante que parezca. Se trata de una sesión de creatividad, donde todas las sugerencias son bienvenidas.

En esta etapa no se evalúan las soluciones. Limítate a anotar todas las que se propongan.

Evaluad las soluciones

¿Ya no hay más ideas? Ha llegado la hora de reflexionar sobre las distintas propuestas. Hay que argumentar, negociar, modificar, debatir... Todas las soluciones deben valorarse en función de:

- Ventajas e inconvenientes.
- Consecuencias a corto, medio y largo plazo para uno mismo y para los demás.
- Implicaciones concretas (tiempo, dinero...).

Decidid

La reflexión prosigue hasta que se llegue a una solución aceptable para todos y con la que todos se comprometan. Lo más importante es que nadie tenga la sensación de que lo han estafado o de haber perdido.

La solución alcanzada no tiene por qué ser una de las que se hayan propuesto en la fase anterior ni aplicarse de forma literal. Con frecuencia, se trata más bien de una combinación de soluciones o de un compromiso.

El acuerdo debe tener en cuenta las necesidades y las dificultades de todos. Sólo así hay probabilidades de que funcione.

La solución escogida se anota en una hoja de papel que se colgará en la nevera.

Llevad a cabo la decisión

Ahora se pasa a la acción, lo que en ocasiones resulta complicado. Hay que definir claramente cómo debe aplicarse y qué tareas específicas supone. También conviene fijar plazos razonables.

Evaluad

La fase de evaluación es fundamental para mantener la motivación y reajustar la estrategia adoptada. Cuando hayan pasado unos días, se revisa y se analiza qué ha ido bien y qué no. A veces se llega a la conclusión de que la solución escogida no es la más adecuada. O bien no es buena idea o quizá alguna de las partes no ha cumplido sus compromisos. Por lo tanto, hay que volver a la casilla de inicio. Si la solución no era óptima, se recupera la lista de ideas y se prueba con otra, sin caer en el desánimo.

Las ventajas de la técnica

La mayor ventaja de este método es que es eficaz. Como el niño ha hablado del acuerdo y lo ha firmado, las probabilidades de que lo cumpla son mucho mayores que si sus padres le hubieran impuesto la solución.

Cuando hay varias personas implicadas, se busca el consenso, no la decisión de la mayoría. Las decisiones familiares no pueden depender de un proceso democrático (un hombre, una voz) mientras los niños sean menores de edad. Por otro lado, no es aconsejable que los padres dejen que sus hijos les impongan soluciones aprovechándose de la superioridad numérica. **Los padres siempre deben llevar las riendas.**

La otra ventaja de este método es que revela los problemas subyacentes: la verdadera causa del conflicto estaba en otro sitio. Y ahora pueden aparecer soluciones originales y nada estereotipadas, con más probabilidades de éxito. Chiara, de catorce años, propuso planchar las camisetas de su hermano si él le hacía la cama cada día. Y Stéphane se comprometió a dar de comer al hámster cada día a cambio de no tener que limpiarle la jaula, porque el heno lo hacía estornudar.

78 Acuérdate de recordar

Las buenas costumbres casi nunca son eternas

Has hecho todo lo que has podido para valorar la conducta positiva de tu hijo y para alentarlo en sus esfuerzos, lo has felicitado y lo has recompensado. Sin embargo, tal y como sucede con las vacunas, a veces hay que administrar recordatorios.

Acuérdate de recordar

— Gaia, ¿te has acordado de ponerle la comida al hámster?
— Ay, no, se me había olvidado.
— Maxime, ¿has pasado el aspirador como te he pedido?
— No, se me ha olvidado. Estaba hablando por teléfono y se me ha ido de la cabeza.

¿Por qué?

Seguramente acaba de asaltarte una duda. A ti jamás se te olvida ninguna de las mil tareas que debes llevar a cabo ni de la miríada de detalles de la vida cotidiana que se añaden a los de la vida profesional. Se trata de una cuestión de responsabilidad y de práctica. El niño sabe que tú estás ahí para recordarle en el último momento lo que debe hacer, por lo que no se siente responsable. Vive en el instante presente. Por lo tanto, y por sorprendente que pueda parecerte, es muy posible que a tu hijo se le olvide en dos minutos algo que le pides con frecuencia que haga y a lo que accede de buena gana. Su buena voluntad no está en duda. Ya le has pedido diez veces que le escriba una nota a la abuela para agradecerle el regalo que le ha hecho. Cada vez, responde tranquilamente: «Ah, sí, es cierto, se me ha vuelto a olvidar. Lo hago ahora».

Sin embargo, si no lo hace inmediatamente, a los cinco minutos se le habrá olvidado de nuevo. Cuando accediste a que tuviera un hámster a cambio de que fuera él quien se encargase de limpiar la jaula cada semana, lo aceptó con sinceridad. El problema es que cada semana se le olvida, a no ser que se lo recuerdes. Cosa que haces con hastío, acritud y reproches.

Déjale «miguitas de pan»

Si quieres evitar tener que repetirle lo mismo una y otra vez, déjale indicios que lo ayuden a acordarse por sí solo. Deja que los actos hablen por ti. Así no te enfadarás y tu hijo se beneficiará del resultado: se habrá acordado «él solo». Incluso podrás felicitarlo.

¿Cómo?

Cuando se trata de niños pequeños podemos generalizar la técnica del «¿Qué hemos dicho?»: «¿Qué hacemos antes de cruzar la calle?». «¿Qué hacemos antes de sentarnos a la mesa?» El niño responde y, poco a poco, va asimilando la norma.

Cuando el niño ya es más mayor, la propia conducta puede servir de recordatorio: la jaula del hámster en la mesa de la cocina, el aspirador frente a la puerta de su habitación...

Una vez aprenden a leer, lo mejor es dejar notas escritas. Sobre la mesa de la cocina hay una cartulina roja donde se lee: «Hay que quitar la mesa después de desayunar». En la habitación del adolescente, una nota adhesiva advierte: «Hay que bajar los platos sucios antes de que les salga moho». En la pared del baño hay un cartelito que recuerda lo que hay que hacer después de ducharse: «Limpiar la bañera, colgar la toalla, recoger la ropa, etcétera.»

Inserta refranes y rimas

Además de repetirlas, otra manera de ayudar al niño a recordar las normas consiste en idear rimas fáciles de memorizar.

Cada familia puede inventar las suyas:

«Niño ocupado, niño medio perdonado.»
«No dejes para mañana lo que puedas hacer hoy.»
«Antes de jugar, la mesa hay que quitar.»
«El último en desvestirse es el primero en acostarse.»
«El error reparado ya está perdonado.»

Y todas las que se os ocurran.

79 Perdona y olvida

«Cuando mis padres se pelean, pueden estar todo el fin de semana sin hablarse. Cuando mis amigas y yo nos enfadamos, hacemos las paces en seguida.»

CAPUCINE, 8 años

Para alentar al otro, no hay nada como perdonar y olvidar.

No te lo tomes como algo personal

Por lo general, los niños no se portan mal a propósito. Es su manera de defenderse, y, además, es la correcta. Si rompen un vaso, no lo hacen de forma deliberada, ni siquiera cuando están enfadados o despistados.

¿Por qué?

Su impetuosidad, su curiosidad y su energía son la causa primera de la mayoría de sus travesuras. Las conductas desagradables o irrespetuosas no son intencionadas. No es que se hayan propuesto hacernos enfadar o sacarnos de nuestras casillas. Son niños y se comportan como tales: experimentan, comprueban y se dejan llevar por sus impulsos.

Por lo tanto, guardarle rencor a un niño no tiene sentido alguno y, además, él lo siente como algo violento.

Para poder portarse bien, el niño necesita sentir que se lo quiere incondicionalmente, haga lo que haga.

Recuerda: todos los niños quieren portarse bien y complacer a sus padres. Lo que pasa es que, a veces, les resulta muy difícil.

No guardes rencor

Víctor, de cuatro años de edad, ha echado a correr en el comedor y ha roto el jarrón de la mesita auxiliar. Quizá no era el lugar más adecuado. Digamos que la responsabilidad es compartida.

Iseult, de trece años, se ha puesto una camiseta de su madre sin decirle nada y la ha manchado irremediablemente... Es lo que hacen los adolescentes.

Es normal enfadarse y, en ocasiones, castigar. Sin embargo, cuando el incidente ha pasado, ha pasado.

Si no se lo perdona, el niño puede sentirse profundamente «malo», perder autoestima y sumirse en un doloroso sentimiento de culpabilidad.

Cada noche hay que hacer borrón y cuenta nueva.

No podemos recordarle una y otra vez todo lo que ha hecho mal en el pasado. Y mucho menos en público. ¿Cómo, si no, encontrará el valor y la esperanza que necesita para mejorar?

Lo mejor es olvidar

En este aspecto, los niños son nuestros maestros. Observa una pelea de niños. Se insultan, llegan a las manos... e instantes después vuelven a jugar juntos como si no hubiera pasado nada.

Actúa así con los conflictos familiares.

No lleves la cuenta, no seas rencoroso y no dejes que el niño lo pase mal. Sobre todo, no dejes que llegue la noche sin haber hecho las paces y sin haberle dicho a su hijo lo mucho que lo quieres.

Capítulo 6

Herramientas para corregir

80 Responde de forma sistemática

Callar o hacer caso omiso también es dar una respuesta.

¿Tu hijo se ha portado mal? ¿Te ha pedido algo y no le has hecho caso? La idea general es jamás dejar pasar nada importante sin dar una respuesta.

Ignorar activamente

Es una forma de respuesta clara a la que los niños suelen ser muy sensibles. Los niños pequeños están acostumbrados a ser el centro de una atención constante, afectuosa y atenta. Si callas súbitamente y te das media vuelta, se dará cuenta.

Ignorar activamente pone fin a lo que no lleva a ningún sitio, da espacio y permite que todos recuperen la calma.

¿Cómo?

Livia tiene diez años y está discutiendo con su madre. Quiere ir a casa de su amiga inmediatamente, pero la madre quiere que antes haga los deberes. Tras cinco minutos de discusión viva, en la que ambas se han mantenido en sus trece, la madre dice: «Ven a verme cuando hayas acabado los deberes. Entonces podrás salir». Acto seguido, se da media vuelta, deja de atender a Livia y se va a la cocina para tomar un té tranquilamente.

Sanciona inmediatamente

Cuanto más pequeños son, más en el instante presente viven los niños. Ayer ya no existe y mañana sólo es una posibilidad. Si transcurre demasiado tiempo entre la conducta negativa y el comentario, el castigo o la explicación, el niño ya se habrá olvidado. Y como será incapaz de establecer el vínculo entre la causa y el efecto, sentirá que lo rechazan injustamente. Si ya es un poco más mayor, habrá pasado a otra cosa.

Por lo tanto, hay que reaccionar inmediatamente. La conducta se manifiesta, el adulto explica lo que no va bien y, entonces, dice lo que pasará en consecuencia. A veces basta con palabras de desaprobación inmediata («Eso no está bien»).

Con niños más mayores hay cierto margen de demora, si se estima pertinente. Mathis tiene diez años y, al pasar frente a su habitación, su madre lo ha oído hablar mientras jugaba con dos amigos. No le ha gustado nada el lenguaje que emplean. En lugar de intervenir inmediatamente, para no avergonzarlo delante de sus amigos, lo ha llamado aparte para comentarle lo grosero de su lenguaje.

Escucha lo que el niño tenga que decir

Castigar rápidamente no significa que no debamos escuchar al niño. En ocasiones, su punto de vista nos hace ver la situación de otra forma y, por lo tanto, las consecuencias también serán distintas. Joseph, de siete años, se ha tirado literalmente encima de su hermano de tres y lo ha tirado al suelo de la cocina. Su padre estaba a punto de castigarlo por esa muestra de brutalidad, pero Joseph le ha explicado que el pequeño iba directo a coger un cuchillo de cocina que había en el suelo...

81 Distrae y redirige a los más pequeños

Distraer a tiempo permite evitar conflictos inútiles; redirigir permite evitar una posible travesura. Convertirse en expertos en la materia permite evitar muchísimos problemas.

Los niños más pequeños viven en el instante presente. Tienen una idea en la cabeza y se obstinan en llevarla a cabo... a no ser que consigamos reorientar su atención. Resulta bastante sencillo hasta los tres años de edad, porque se distraen con facilidad. A partir de ese momento ya son capaces de seguir ideas y este consejo deja de funcionar...

Distraer con rapidez...

La manera más eficaz de evitar la rabieta o la pataleta de un niño pequeño es distraerlo. Cuando se consigue, se siente un gran alivio por haber estado tan cerca del conflicto y haber sabido evitarlo en esta ocasión.

¿Cuándo?

La manera más rápida de conseguirlo es actuar con rapidez, es decir, distraer al niño de su conducta o de su objeto de interés antes de que se convierta en una idea fija y, sobre todo, antes de tener que decir que no, lo que equivale a agitar un capote rojo.

¿Cómo?

Con un niño pequeño, podemos decir: «¡Mira lo que he encontrado» o «¡Ven, tengo una sorpresa!» o incluso «¡Mira que pájaro tan bonito se ha posado en el alféizar de la ventana!». Mientras el niño se acerca, piensa en algún modo de retener su atención... o el pájaro volará.

También puedes distraer a niños más mayores para alejarlos de una pelea o de un juego que toma mal cariz: «Venid a ver lo que he comprado para la merienda» o «¿Os había dicho ya que ayer grabé el concurso?» o «¿Quién me ayuda a tender la ropa?» son preguntas con probabilidades de cambiar el ambiente.

Por lo general, sólo captarás su atención y, por lo tanto, accederán a tu propuesta si hablas con un tono de voz alegre, prometedor y entusiasta.

... y redirigir hacia otra cosa más adecuada

A veces, el niño se lanza a una actividad correcta, pero de una manera que no lo es tanto.

¿Cómo?

Tu hijo pequeño empieza a hacer garabatos en el periódico: ofrécele folios para que garabatee en ellos. El más mayor juega a darle patadas a una mochila vieja: sustitúyela por una pelota. Mila juega en la bañera con vasos de vidrio: sustitúyelos por otros de plástico. Alexandre mira en la televisión un programa que a ti no te parece adecuado: sí a la televisión, si procede, pero a condición que sea un programa apropiado para él.

82 Cuenta 1... 2... 3

Esta técnica es tan antigua como el mundo. Si ha perdurado a lo largo de tantas generaciones, es porque ha demostrado ser tan eficaz como sencilla.

El niño presenta una conducta negativa que quieres eliminar. Si está indicado, puedes darle una explicación breve o formular una demanda clara: «Deja de dar patadas a la mesa». Si para, todo va bien. Si no, cuenta: «Uno». ¿Lo ha dejado? Perfecto. ¿Persiste? «Dos.» ¿Aún sigue? «Tres. Se acabó. A la habitación.» Pausa obligada.

Es muy sencillo y muy eficaz, pero no resulta fácil de aplicar. Si quieres convencerte, lo mejor es que lo pruebes. Cuando tanto los padres como el niño se han acostumbrado, funciona solo.

Aprende los principios básicos

Mantén la calma y no demuestres emociones intensas. Si te enfadas, no podrás evitar el conflicto. Y no hay niño que pueda resistirse.

No discutas y no hagas comentarios. «1... 2... 3. Se acabó.» A menos palabras, mayor eficacia. De hecho, si el niño sabe que lo que está haciendo está mal, incluso es posible que no haga falta pronunciar ni una sola palabra. El secreto del éxito reside en la pausa después de cada cifra.

¿Tu hijo aprovecha el intervalo entre cifras para protestar? No respondas y sigue contando. Si la situación requiere una explicación, ofrécesela con brevedad antes de empezar a contar. «Si a la de 3 no has parado, volvemos a casa sin ir al cine. 1...»

¿Has llegado a 3 y no ha cejado en su conducta? Vuelve a contar:

—Uno...

—¡Pero si no he hecho nada, estoy harto!

—Dos...

—¡No he sido yo, ha empezado él!

—Tres: cinco minutos a la habitación.

—Pero es que...

—Diez minutos.

No des en ningún caso la sensación de mendigar comprensión u obediencia. Cada uno en su sitio. Tú ejerces la autoridad, es tu función. A tu hijo no le hace la menor gracia y protesta: es la suya. Si aplicas una sanción corta y correcta, ahorrarás mucha energía y protegerás la relación: si no hay conflictos inútiles se acumula menos rencor y se disfruta más del tiempo juntos.

Avisa a tu hijo

Si no has usado jamás esta técnica, o si lo has hecho de forma no sistemática, puedes empezar ahora mismo. Bastará una conversación de cinco minutos para explicarle la nueva regla. Si los dos progenitores lo anuncian juntos, tendrán más fuerza.

¿Cómo?

Di sencillamente: «Bueno, ya sabéis que a veces hacéis cosas que no nos parecen bien, como pedir algo cien veces cuando ya os hemos dicho que no, protestar, pelearos, etcétera. A partir de ahora, haremos lo siguiente: cuando veamos que hacéis algo inaceptable, diremos: "Uno", que será un aviso que quiere decir que tenéis que parar. Si no paráis, diremos "Dos". Será el segundo aviso. Si no paráis, diremos "Tres. A la habitación cinco minutos" (o diez, según la edad). Eso quiere decir que tendréis que iros a la habitación y quedaros allí, tranquilamente, durante el tiempo que os hayamos dicho. Cuando volváis, no hablaremos de lo que ha pasado a no ser que sea necesario. Nos olvidaremos de ello. En este nuevo sistema hay una cosa que os gustará y otra que no. Lo que no os va a gustar es que si se trata de una conducta que tenéis que parar inmediatamente, por ejemplo, si os estáis insultando o peleando, será un "Tres" directo. Lo que sí os va a gustar es que el resto de veces tendréis un aviso. Tendréis tiempo de parar y de evitar siempre el castigo. Dependerá de vosotros.»[1]

1. Véase Phelan, T. W, *1-2-3 Magic*, ParentMagic Inc. [*Disciplina efectiva para niños de 2 a 12 años*, Barcelona, Medici, 2008].

Obviamente, puedes sustituir la pausa obligada, que funciona muy bien con los niños pequeños, por una medida más adecuada para niños más mayores: acostarse un cuarto de hora antes, retener cincuenta céntimos de la semanada, confiscación de la consola de videojuegos durante una hora, etc. El aviso acaba siendo más importante que el castigo propiamente dicho.

¿Cómo reaccionan los niños ante el «1... 2... 3»?

Buenas noticias: si se lo toman en serio, la mitad de ellos no llegarán al 3. Se detienen antes. Sopesan rápidamente los pros (persistir) y los contras (lo que sucede al llegar a 3). ¿Resultado?: se evita el conflicto.

La otra mitad de los niños llegará al 3 «para ver qué pasa». Nada más que añadir. Si mantienes la calma, te muestras firme y aplicas la sanción sin ningún comentario, todo volverá a la normalidad rápidamente. No tardará en quedarse en el 2.

Conclusión: tu hogar se convertirá en un lugar mucho más tranquilo y será mucho más agradable estar con tus hijos.

Ésta es una buena técnica si necesitas que te ayuden o que algo acabe o empiece inmediatamente. Sin embargo, no sirve para instaurar nuevos hábitos de conducta. También es inaplicable en caso de urgencia. Si sorprendes a tu hija pequeña dándole golpes de bastón al perro, no puedes decirle: «¡Para o cuento hasta tres!».

83 Ofrécele la posibilidad de reparar o de volver a empezar

La disciplina como reacción ante una «mala» conducta permite que el niño asuma las consecuencias de su actitud; que entienda por qué está mal; que repare lo sucedido, ya sea directamente o a través del castigo; que haga las paces y sea perdonado, y que mejore su comportamiento futuro.

La reparación es el mejor de los castigos, porque no apela a la culpabilidad. Permite que el niño evalúe los daños y la dificultad de reparar lo sucedido, para que asuma su responsabilidad. La consecuencia negativa que se le aplica es tener que reparar lo que ha estropeado.

Pídele que repare

La pequeña Louise juega en la bañera, pero chapotea con tal fuerza que, cuando termina, todo el baño parece una piscina. Su madre se ha cansado de repetirle en vano que no chapotee, así que ha optado por darle una fregona cuando sale de la bañera. Le ha explicado cómo usarla y le ha dicho que, a partir de ahora, será la encargada de limpiar. Tres días más tarde, Louise se esfuerza en no salpicar el suelo mientras juega.

Si se ha roto o estropeado un objeto, se le puede sugerir al niño que ayude a arreglarlo. Si no es posible, se busca otra solución.

Noam tiene once años y ha pedido prestados los rotuladores de su hermana pequeña para hacer un dibujo. El problema es que ha roto y acabado varios de ellos. Como no tiene dinero suficiente para comprar una caja de rotuladores nuevos, sus padres han decidido retener cincuenta céntimos de su semanada durante varias semanas y meterlos en una hucha, hasta que haya ahorrado el dinero que necesita.

Reparar también es muy eficaz en el aprendizaje de las normas morales. Por ejemplo, si un niño roba una bolsa de caramelos de una tienda, para reparar lo sucedido tendrá que devolverla y pedir perdón.

Pídele que vuelva a empezar

Si le has pedido algo a tu hijo y no ha sido capaz de hacerlo, dile que vuelva a empezar, pero esta vez con tu ayuda, hasta que domine la tarea. La ventaja de esta técnica es que el niño irá ganando confianza en sí mismo a medida que avance.

Puede ser una especie de aprendizaje: Tu hijo no consigue ordenar su habitación de manera aceptable. Ayúdalo las veces que sean necesarias hasta que el resultado sea satisfactorio.

Sin embargo, también puede ser una especie de castigo. Yasmina siempre se olvida de apagar las luces cuando sale de una habitación, así que sus padres le han pedido que recorra la casa, habitación por habitación, para encender y apagar todas las luces y lámparas. Cinco veces seguidas.

84 Decreta una pausa obligada

Es una técnica excelente para evitar la escalada de la tensión y marcar una pausa en una situación que puede acabar degenerando.

Antes, los maestros enviaban al rincón a los niños que no paraban de hablar. Ahora esto ha pasado de moda, pero el principio ha cobrado nueva vida con una forma más moderna que recibe el nombre de «tiempo fuera», «tiempo para pensar» o «pausa obligada».

1... 2... 3: ¡pausa obligada!

La idea es la siguiente: cuando el niño presente una conducta indeseada o provocadora, o si se porta mal únicamente para probar los límites de sus padres, éstos decretan una pausa obligada. No se trata de un castigo, sino de un momento que permite tanto a los padres como al niño recuperar el control sobre sí mismos.

¿En qué situaciones?

Si se utiliza como un castigo, la pausa obligada es eficaz con los niños más pequeños, que siempre buscan atención. Con niños más mayores, tiene más eficacia pedagógica si se entiende como una oportunidad para recomponerse.

¿Cuándo se decreta la pausa obligada?

Tan pronto como sea posible cuando vemos que la situación empieza a degenerar. Cuando el niño se niega a detener una conducta inaceptable, la pausa obligada debe aplicarse inmediatamente.

A partir de aproximadamente los dos años de edad, el niño entiende muy bien de qué se trata. Sin embargo, no hay nada que impida aislar unos instantes a un niño de dieciocho meses si sentimos que estamos a punto de ponernos agresivos o violentos con él.

Hacia los ocho o los diez años de edad, la pausa obligada empieza a perder parte de su interés y de su poder. Sin embargo, cuando estalla un conflicto con un adolescente, se puede poner fin a las hostilidades con un: «Creo que la discusión está tomando mal cariz. Me parece que será mejor que lo dejemos de momento y ya hablaremos del tema cuando nos hayamos calmado».

La pausa obligada es tan eficaz para los padres como para los niños. Es muy posible, e incluso deseable, que durante una situación de conflicto en la que el padre o la madre percibe que puede perder los nervios o ponerse violento, diga: «Lo vamos a dejar aquí, necesito una "pausa obligada" para calmarme. Me voy a mi habitación un momento».

¿Cuánto dura?

No hace falta que el aislamiento se prolongue mucho. Hay una norma general bastante fácil de seguir: un minuto por año de edad. Como eso no tiene demasiado sentido para un niño pequeño, se le puede poner un temporizador, para que suene al cabo del tiempo establecido: «Cuando suene, podrás salir».

Cuando el niño ya es capaz de entender lo que significa la pausa, se le puede decir: «Quédate en la habitación el tiempo que quieras, pero no salgas hasta que no te hayas calmado».

Si el niño sale calmado, todo va bien. Si retoma la conducta que ha provocado su aislamiento, se lo devuelve a la habitación.

¿Cómo funciona la pausa obligada?

Para que la técnica sea eficaz, debe aplicarse inmediatamente, sin discusión y sin comentarios y con convicción y firmeza. Esta actitud es la clave del éxito: el niño debe darse cuenta de que no bromeas y de que no dudas ni por un momento de que se quedará el tiempo previsto en el lugar indicado.

¿Cómo?

Si lo has enviado a su habitación, no te quedes al otro lado de la puerta o será el niño quien te mantendrá cautivo a ti, no a la inversa. A no ser que salga continuamente antes de tiempo.

Evita los gritos y las imprecaciones del tipo: «Es la décima vez que te pido que pares. Estoy harta, ya te he avisado, ¡a la habitación!». Esto sólo incita al niño a discutir y a argumentar, por lo que se reduce la eficacia del método. Mejor no discutir. «Pausa, cinco minutos a tu habitación, ¡ya!»

Esos cinco minutos no son para sermonearlo sino para todo lo contrario: retirarle la atención. Aprovecha la oportunidad para calmarte tú también.

Cuando se acaba, se acaba. El niño está calmado, tú también; hacéis las paces y pasáis a otra cosa. Con alegría. Hay que recordar que, para que este tiempo de «exclusión» sea efectivo, el tiempo de «inclusión» debe ser frecuente, afectuoso y divertido. Si no, ¿qué diferencia va a notar el niño?

¿Y si el niño se niega a la pausa obligada?

No le des opción a ello.

—A la habitación durante cinco minutos.
—¡No pienso ir!
—Diez minutos
—¡Eres mala!
—Quince minutos.

Procede del mismo modo si sale de su habitación antes del tiempo establecido.

Algunos niños no soportan que la puerta de su habitación esté cerrada. Permite que la deje entreabierta siempre que se quede dentro. Si no, ciérrala.

85 Decide dónde aislar

«Cuando vamos al supermercado, a mi hija le encanta que la siente en el carro con las compras, que ella va ordenando. Si tiene una rabieta o hace algo prohibido, la hago bajar durante cinco minutos para que camine a mi lado, agarrada al carro. Si se porta bien, puede volver a subirse. ¡Funciona!»

Una madre

Es una cuestión delicada que se presta a muchos malentendidos. En el caso de los más pequeños, lo fundamental es que la pausa obligada se lleve a cabo fuera de la vista de los padres (pero tampoco demasiado lejos).

Recuerda: el niño quiere llamar la atención. La atención de los padres es el combustible que alimenta las rabietas y la ira del niño. Por lo tanto, el aislamiento, tal y como su nombre indica, debe mantenerlo apartado de la atención de los padres.

Conozco a una madre que designó la banqueta del piano como el lugar donde debía quedarse su hijo de tres años. Un padre designó un escalón, al que llamó «el escalón de pensar».

En la habitación

Con frecuencia, el lugar adonde se envía al niño es su propia habitación. Lo básico es que sea un lugar seguro, donde el niño no corra peligro si se queda solo.

Muchos padres creen que la habitación, donde tiene todos los juguetes a su alcance, no es un lugar suficientemente «punitivo», porque el niño puede divertirse tanto como quiera.

Es importante insistir en que la pausa obligada no es un castigo, sino una oportunidad para calmarse, aislarse, reflexionar y recuperar la calma.

Es preferible que el lugar escogido no ofrezca demasiadas distracciones. Sentarlo frente al televisor no es buena idea. Sin embargo, no importa que el niño, una vez en su habitación, lea o juegue. Lo importante es que se calme y abandone la conducta problemática.

En el exterior

Si estáis en la calle, cualquier lugar sirve para un momento de exclusión y de pausa: un banco en el centro comercial, a los pies de un árbol en el parque, detrás del coche en el aparcamiento, etc. En estos casos, es obvio que debes permanecer junto al niño.

86 Deja que las consecuencias naturales sigan su curso

Si los padres dejan que las consecuencias naturales sigan su curso, ya no tienen que enfadarse con el niño ni castigarlo. Advierten al niño de lo que sucederá si insiste en su conducta. Y, si insiste, lo dejan hacer, a no ser que sea peligroso.

Suprimir las consecuencias positivas de algunas conductas basta para lograr que desaparezcan. Otras conductas indeseables acarrean por sí mismas consecuencias negativas que disuaden al niño de repetirlas.

Apóyate en las consecuencias...

El ejemplo clásico es el del niño que se niega a vestirse por la mañana. La madre se lo exige, insiste, suplica, se enfada...; cada mañana se repite la misma escena. Dejar que las consecuencias naturales de la conducta negativa del niño sigan su curso consiste en decirle, sencillamente: «Son las ocho y cuarto. Tenemos que salir dentro de diez minutos. Si no estás vestido, irás al colegio en pijama». Puede suceder que el niño se lo crea y se vista a tiempo. O puede que no se lo tome en serio y no se vista. Entonces, sale a la calle en pijama. Tanto si debe enfrentarse a las risas de sus compañeros como si debe correr para estar preparado en el último minuto, es muy probable que a partir de entonces las mañanas sean muy distintas.

No hay que enfadarse ni castigar: la propia consecuencia de la conducta del niño se ocupará de ello.

... y en la ley de causa y efecto

Experimentar las consecuencias directas de la propia conducta es una manera fantástica de adquirir autodisciplina. No son los padres quienes sermonean al niño, sino que éste recibe una lección de la vida. Saber que sus conductas tienen consecuencias, tanto para sí mismo como para los demás, y decidir en función de ellas, es el principio de la madurez. **Ser padres consiste sobre todo en ayudar a los niños a reconocer y a asumir las consecuencias de sus actos.**

La experiencia directa es el mejor maestro. Si ves que tu hijo se balancea en la silla y lo avisas de que si no para puede caerse, necesitarás mucha energía para pararlo, porque lucharás contra un deseo tenaz. Tendrás que repetírselo cien veces. Sin embargo, es muy probable que cuando se caiga una vez no vuelva a hacerlo. ¡Ésta es la eficacia de las lecciones de la vida!

Deja que la situación siga su curso...

¿Tu hijo tiene diez años y quiere acabar el libro en lugar de dormir? La consecuencia natural es que mañana estará cansado y acabará entendiendo por qué tu insistencia en que se acueste a la hora que se lo pides.

Si se niega a comer porque no le gusta lo que hay en el menú, en lugar de pelearse por un puñado de guisantes permite que se levante sin comer y deja que tenga hambre hasta que vuelva a ser hora de sentarse a la mesa. Ésa es la consecuencia natural. Si le das una galleta para compensar, no aprenderá la lección de la vida y la conducta de «no comer en la mesa» saldrá reforzada.

... excepto si hay peligro

Por desgracia, con frecuencia es imposible dejar que las consecuencias de la conducta del niño sigan su curso, porque su seguridad correría peligro. Por lo tanto, esta técnica sólo es aplicable cuando las consecuencias de la conducta no son peligrosas ni traumatizantes para el niño. No podemos dejar que se queme al tocar la puerta del horno. Por el contrario, sí que podemos acercarle poco a poco la mano a la puerta del horno o al fogón encendido, para que note el calor y vea a qué se arriesga si lo toca.

Tampoco podemos dejar que no se ponga el cinturón de seguridad en el coche o que se coma las bayas de los árboles «para ver qué pasa».

Para terminar, dejar que las consecuencias naturales sigan su curso tampoco resulta efectivo si al niño le da igual. Por ejemplo, si no le importa no cepillarse los dientes o no hacer los deberes, porque ni los dientes sucios ni las malas notas le molestan especialmente.

87 Aplica las consecuencias lógicas

Las consecuencias lógicas son más eficaces cuando el niño se ha implicado en su elección.

Cuando la conducta no tiene consecuencias naturales que puedan servir de lección inmediata, o si las que tiene ponen al niño en peligro, se aplican las consecuencias lógicas.

Busca una consecuencia directa...

En este caso, los padres intervienen pero no aplican un castigo, sino una consecuencia directa de la conducta del niño. Por lo tanto, es importante que lo que escojan tenga el mayor valor educativo para el niño. En lugar de obligar al niño a hacer algo, son los padres quienes cambian de conducta.

¿Cómo?

La madre de Justine, de once años, tenía que recordarle cada semana que metiera la ropa sucia en el cesto de la lavadora si quería que se la lavase. Sin embargo, Justine siempre se olvidaba. Entonces, su madre tenía que ir a buscar la ropa sucia a su habitación, o bien poner una lavadora sólo para ella si quería ponerse «la» falda que seguía sucia. La madre decidió que ya estaba bien, porque Justine tenía edad para ocuparse de su propia ropa. Así que la avisó de que sólo lavaría lo que hubiera en el cesto de la ropa sucia, sin excepciones. Primero, Justine se quedó sin calcetines limpios. Luego no pudo ponerse la camiseta que quería, porque estaba sucia y arrugada bajo la cama. Al cabo de tres semanas, entendió que si quería tener ropa limpia en el armario tendría que adoptar nuevas costumbres. A partir de ese momento, empezó a meter la ropa sucia en el cesto.

La madre se cansó de intentar modificar la conducta de su hija, así que optó por cambiar su propia conducta. Dejó que las consecuencias naturales y lógicas cumplieran su cometido.

¿Por qué?

Estas técnicas son mucho más eficaces que los gritos, las recriminaciones, las amenazas y los castigos. Hacen que el niño asuma directamente la responsabilidad de sus actos, desde la confianza y el respeto. «Si haces esto, pasará esto otro. Si haces eso, pasará aquello.» El niño se enfrenta a sus responsabilidades y decide su conducta. Las normas son claras.

... que sean claras para el niño

Le has pedido a tu hijo que no salpique todo el baño cuando juegue en la bañera. No te hace caso. Consecuencia lógica: tendrá que pasar la fregona. Si lo haces tú, no aprenderá nada.

A Thibault, de catorce años, le han robado la bicicleta porque le dio pereza meterla en el garaje. Faltan seis meses para Reyes. Hasta entonces, tendrá que vivir sin bicicleta e ir a clase en autobús. Consecuencia lógica.

Nina tiene trece años y se ha acostumbrado a cerrar violentamente la puerta de su habitación cada vez que está enfadada o le llevan la contraria, es decir, varias veces al día. Lo hace con tanta fuerza que las ventanas vibran. Su padre le dice que se trata de una conducta inaceptable y la avisa de que, si sigue así, se quedará sin puerta durante tres días. Ella continúa haciéndolo. Consecuencia lógica: su padre desmonta la puerta.

Los ejemplos son infinitos.

Evita los comentarios

Las lecciones, mejor de una en una. Si quieres que sea la vida quien le enseñe a tu hijo, no te entrometas demasiado. Aunque contenerte te exija un esfuerzo heroico, evita todas las frases del tipo: «¡Te lo avisé!», «¡Te lo dije!», «¡Esto te pasa por no hacer caso!», etcétera.

¿Por qué?

Porque así sólo conseguirás debilitar el mensaje. Además, harás que tu hijo centre todo su enojo en ti: «¡Claro! ¡Tú siempre lo sabes todo, siempre tienes razón!». Deja que las consecuencias hablen por sí solas.

Si el niño es aún pequeño y quieres asegurarte de que aprenda la lección, puedes retomar el tema más adelante y recordarle lo sucedido.

—Mamá, tengo hambre.

—Sí, pero ¿te acuerdas de por qué tienes hambre?

—Porque no he querido comer al mediodía.

—Exacto. Cuando no comemos, es muy difícil aguantar hasta la comida siguiente. Ya falta poco, en media hora toca la merienda.

Piensa antes de hablar

Las primeras consecuencias lógicas que nos vienen a la mente no siempre son las mejores.

Por ejemplo, si el niño se niega a seguir a su padre, que ha ido a buscarlo al colegio, no cabe decirle: «Pues muy bien, me voy sin ti», para luego no hacerlo. Si el padre no hace lo que ha dicho que haría, pierde credibilidad. Si el niño lo cree capaz de abandonarlo, es aún muchísimo peor.

Con frecuencia, cuando el niño tiene una conducta agresiva, la reacción espontánea de los padres es aplicar la primera consecuencia lógica que les viene a la cabeza: hacerle al niño lo que éste acaba de hacer a otro, para que aprenda a no hacerlo y enseñarle lo desagradable que es. Sin embargo, siempre es mala idea morder a un niño que acaba de morder a otro o pegar a un niño que acaba de pegar a otro. No olvides jamás que **tu conducta debe ser un modelo para el niño.**

Cuando éste se acerca a la adolescencia, las consecuencias de sus actos pueden ser más importantes. Sus padres lo protegen menos y las «travesuras» que comete suelen ser más graves. **Las personas que, desde la infancia, aprenden a sopesar las consecuencias positivas y negativas de su conducta antes de llevarla a cabo se enfrentan mejor a la vida. Saben que pueden elegir y han aprendido a hacer buen uso de esa libertad.**

88 Castiga... con mesura

Recuerda siempre que los niños son niños: imperfectos, remolones y provocadores por naturaleza.

Los castigos no son un buen modo de acabar con una conducta indeseada. Por lo general, van de la mano de los enfados, las regañinas, los gritos, las amenazas, los sermones...; métodos muy utilizados pero poco eficaces. Si se utilizan tanto, es porque son sencillos y espontáneos. Sin embargo, distan mucho de proporcionar una verdadera educación para la responsabilidad y la autonomía.

Desconfía de los castigos

Castigar es una técnica ineficaz a largo plazo...

Aunque a corto plazo da la impresión de que los castigos funcionan muy bien, porque detienen provisionalmente la conducta del niño, se trata de un resultado del que es mejor desconfiar. Con frecuencia, a largo plazo se observa un empeoramiento de los problemas de conducta en lugar de una mejora.

¿Por qué?

Es muy fácil de entender.

Las conductas se ven reforzadas por la atención que prestan los padres. Para un niño, la atención negativa es mucho mejor que el desinterés. Por lo tanto, el castigo, si no es breve, automático y silencioso, puede acabar convirtiéndose en una recompensa en lugar de en un elemento disuasorio, porque refuerza la conducta que los padres querían hacer desaparecer.

Si ha de ser disuasorio, el castigo debe resultar desagradable o no servirá de nada. El niño a quien decimos: «Pues te quedas sin postre» y responde: «Y a mí qué, ya no tengo hambre» o «Métete el yogur donde te quepa», no ha aprendido nada educativo sobre su conducta. Por otro lado, es muy difícil que el niño encuentre justo un castigo severo. Se corre el riesgo de que, en lugar de enmendarse, reaccione de forma vengativa, agresiva y que eso vaya a más. Los niños menos contestatarios empezarán a desconfiar y actuarán a hurtadillas. Seguirán haciendo lo mismo, pero intentarán que sus padres no se den cuenta.

Limita los castigos cuando el niño crezca

Cuando el niño crece, los castigos, que en ocasiones son necesarios, deben dar paso progresivamente a otras formas de disciplina.

¿Por qué?

Cuando el castigo es efectivo a largo plazo, es porque actúa sobre el resorte del miedo, no sobre el deseo de comportarse bien. Esto significa que cuando el niño se vea libre será incapaz de actuar con autodisciplina. El objetivo del castigo es poner fin a una conducta, pero no enseña la conducta deseada. El niño no aprende qué debe hacer. El castigo le hace sentir ira, humillación o malestar, que no son los mejores estados de ánimo para dejarse enseñar.

Hacia los diez años de edad, el castigo deja de ser efectivo. Cuando le anuncian el castigo, el niño suele responder que le da lo mismo, con lo que saca a los padres de sus casillas. Si no, hay que idear castigos realmente desagradables: quitarle uno de sus CD y donarlo a una tienda de segunda mano, privarlo de cualquier juego electrónico durante un mes, etcétera. Sin embargo, lo que se consigue así es la rebeldía o la sumisión, no una actitud responsable y colaboradora. Por otro lado, está la cuestión de si los padres actuales son capaces de aplicar sanciones tan severas y de mantenerlas en el tiempo.

Castiga cuando sea necesario

El niño necesita límites. Necesita aprender que no todas las conductas son aceptables, que hay normas y leyes y que quien las transgrede debe recibir un castigo. Si un conductor excede el límite de velocidad, se arriesga a que lo multen o a que le quiten puntos del carnet de conducir. Los ladrones saben que pueden acabar en prisión.

Preparar al niño para la vida en sociedad significa enseñarle a respetar la autoridad y las normas.

Para que los castigos enseñen al niño a respetar la ley, no a rebelarse, hay que utilizarlos con sentido común y con moderación.

¿Cómo?

Los castigos son legítimos cuando sancionan la transgresión de una norma que el niño conoce. Conoce la norma y, por lo tanto, sabe a qué se arriesga si la infringe. Ha entendido la necesidad de la norma, que se le ha explicado con anterioridad. Por lo tanto, debe asumir las consecuencias. La norma se presenta de este modo: «Debes estar en pijama antes de las ocho. Si no, no hay cuento», «Si no dejas de saltar sobre el sofá inmediatamente, te irás a tu habitación diez minutos» o «Si no has vuelto antes de las doce de la noche, no saldrás en una semana».

«Si haces esto, pasará lo otro.» Se trata de la misma fórmula que usamos con las consecuencias lógicas y naturales, pero en este caso, los padres deben inventar una consecuencia que debe resultar lógica para el niño. Para ello, debe estar relacionada lo más directamente posible con la conducta sancionable.

Los castigos correctos son los que se aplican inmediatamente: siguen muy de cerca a la conducta negativa. Si se demoran, pierden toda su eficacia.

Los castigos correctos son previsibles: el niño sabe con seguridad lo que sucederá si se comporta de un modo determinado, pero también sabe que puede evitar el castigo si cambia de conducta.

Los castigos correctos no avergüenzan al niño, no lo humillan y no se administran en público. Se aplican con tranquilidad y claridad, sin gritos ni sermones.

Cuando prometas un castigo, cumple con tu palabra. No des marcha atrás. Por eso hay que reflexionar antes de amenazar con castigos que te generarán malestar si te ves obligado a aplicarlos.

89 Inventa el castigo pertinente

«Una vez, mi madre me sorprendió con un coche de juguete que no era mío. Era incapaz de recordar de quién lo había "tomado prestado", así que no podía devolverlo. Para que no lo disfrutara, hizo que lo donara a una asociación.»

OLIVIER, 17 años

Recuerda:

– El castigo depende del niño y de las circunstancias. Debe ser proporcional a lo sucedido y al niño debe parecerle justo.

– Los castigos excesivos sólo demuestran que los padres han perdido los nervios, no su competencia como educadores.

– Cuanto más original y personalizado sea el castigo, mejor lo cumplirá el niño (¡Es un poco peligroso!).

Castigos más o menos clásicos

- En la habitación toda la tarde.
- Prohibirle salir.
- Privación de todos los aparatos electrónicos.
- Escribir un párrafo sobre el conflicto en cuestión.
- Confiscación de un juguete, del móvil o de la Game Boy.
- Corrección. Veinte céntimos a la hucha, por ejemplo. Este «castigo» puede aplicarse a todos los miembros de la familia si dicen una palabrota o dejan los zapatos en la entrada. La familia decidirá de mutuo acuerdo qué hacer con el contenido de la hucha.

Tareas de interés general

Hay niños que no reciben semanada. En este caso, una manera de «pagar la deuda» por el objeto estropeado o roto podría ser llevar a cabo tareas del hogar que, en otras circunstancias, llevaría a cabo un profesional al que habría que pagar. Si se explica con claridad, en el caso de los niños algo más mayores puede consistir en lavar el coche, recoger las hojas del jardín, planchar la ropa o cuidar a los hermanos pequeños. El niño debe entender que la tarea que hace ayudará a los padres a ahorrar para sustituir lo que ha roto.

Las tareas de interés general, o tareas domésticas excepcionales, también pueden aplicarse como consecuencia lógica cuando el niño ha provocado un malestar colectivo o no ha cumplido con sus responsabilidades. Por ejemplo, si el niño encargado de darle de comer al hámster se ha olvidado de hacerlo, tendrá que limpiar la jaula.

Hay que velar que la tarea se lleve a cabo con celo, no de cualquier manera.

Sólo pueden usarse de este modo las tareas «excepcionales», porque la participación cotidiana en las tareas domésticas, en las que todos participan con normalidad, no es un castigo. Tampoco puede servir para ganar dinero ni para recuperarlo.

90 Priva o sanciona con moderación

Si conduzco mal, me multarán y me retirarán el privilegio de poder conducir. Es un sistema válido para todos. Es bueno que el niño también asuma las consecuencias de sus actos. ¿Va en bicicleta sin casco?: la bici se queda en el garaje durante una semana.

Una manera clásica de sancionar una mala acción cometida por un niño consiste en retirarle algún privilegio o en privarlo de algo que le gusta.

Castigos eficaces y justos

La técnica de la privación puede ser útil si cumple ciertas condiciones:

- El niño sabe lo que sucederá, conoce la norma.
- La privación está relacionada con el acto y no es desproporcionada.
- Los padres no amenazan con una privación que todos saben que jamás se aplicará.
- No se priva jamás de lo necesario, de lo indispensable o de lo emocional (el beso de buenas noches, por ejemplo).

Retirar los juguetes

El niño está muy apegado a sus juguetes: lo acompañan en todo momento. Por lo tanto, retirarle un juguete puede llamar su atención y servir de lección. Esto se justifica cuando el juguete es la causa del problema: de otro modo, el niño no entenderá por qué actúan así los padres.

Éstos son algunos de los motivos que pueden justificar retirarle un juguete a un niño: lo usa mal (golpea un juguete frágil, esparce un rompecabezas...), lo usa como arma, se niega a compartirlo, se niega a guardarlo...

Para que la privación resulte eficaz, el niño debe entenderla y conocerla con antelación: «Si vuelves a lanzar un rompecabezas al aire, los guardaré todos en mi armario y no te daré ninguno hasta que no hayas terminado el primero correctamente». «Si seguís discutiendo por la pelota, me la quedaré yo.»

El niño también debe estar informado de cómo puede recuperar el objeto confiscado.

Por último, no lo prive nunca de sus juguetes más «íntimos», como su peluche preferido.

Castigarlo sin salir

Está justificado cuando la conducta pública del niño supone un problema. «No me imagino ir al parque de atracciones contigo, te enfadas por todo. Cuando aprendas a controlarte mejor, iremos.»

«Si vas a dormir a casa de tu amigo, necesito saber que te portarás bien y que harás caso a sus padres. Y hoy no me lo estás haciendo a mí, así que esperaremos un par de días más a que puedas quedarte en casa de Bastien.»

Cuando se trata de adolescentes, la forma más habitual suele ser: «Si llegas tarde, te quedarás sin salir toda una semana».

Prohibirle la televisión o los videojuegos

De nuevo, esta privación se justifica cuando el problema tiene que ver con la televisión, la consola o el ordenador. «Si no apagas la consola antes de las nueve, te la confiscaré por las tardes.» «Si no hay manera de que apagues el televisor para hacer los deberes sin que estalles en cólera, se han acabado los dibujos animados durante la merienda.» En la mesa: «Si seguís discutiendo durante la comida, esta noche os quedáis sin ver la serie».

Si persisten en su conducta, se aplica la sanción durante el tiempo establecido.

En todo caso, el tiempo que el niño pasa delante de una pantalla debe ser decidido y controlado por los padres.

Dejar de darle la semanada

La semanada tiene valor pedagógico. Enseña a los niños el valor económico de los objetos y los inicia en los conceptos de ahorro y deuda. Privarlo de la semanada supone privarlo de su autonomía y de todo lo que normalmente adquiere con ese dinero. Por lo tanto, se trata de un castigo bastante severo. Sólo es justificable si la falta está directamente relacionada con el dinero y si el niño es lo bastante mayor como para que tenga sentido para él.

Por ejemplo, es útil para un niño que rompe deliberadamente algo que pertenece a otra persona o que sabía que no podía tocar. También es efectivo con niños que pierden sus cosas constantemente porque no las cuidan: se les puede retener una pequeña cantidad de la semanada hasta que hayan ahorrado lo suficiente para comprar otro bolígrafo, la goma, la camiseta que le prestaron y manchó sin remedio, etcétera.

91 Aprende a reaccionar cuando el acto es grave

¿Cuáles son los casos graves? Agredir físicamente a otro niño, robar algo de valor, maltratar a un animal, romper cosas en casa, pelearse con uno de los padres...

Sólo consideramos que las conductas «problemáticas» del niño son graves cuando son deliberadas.

Ten en cuenta las circunstancias

Si el niño ya tiene capacidad de raciocinio, es importante que se dé cuenta de lo que ha hecho y que se sienta responsable de ello. Por el contrario, un niño de tres años que le tira de los bigotes al gato no presenta una conducta que yo calificaría de «grave», ni siquiera aunque le hiciera daño. Algo muy distinto sería el niño de diez años que decide conscientemente hacerle daño al gato atándole las patas, por ejemplo.

Por suerte, las conductas graves son bastante raras. Si se repiten con regularidad suelen ser indicativas de malestar o de sufrimiento en el niño, cuestión en la que entonces hay que indagar. En estos casos, se aconseja buscar asesoramiento psicológico.

Si se trata de un acto aislado, es importante que los padres estén a la altura. Cuando el niño se da cuenta de lo que ha hecho, se siente mal y es consciente de que es culpable. Por lo tanto, hay que darle la oportunidad de «reparar» el daño causado. No basta con pedir disculpas.

Proponle hacer una buena obra

Los castigos más interesantes son los que permiten al niño entrar en contacto con personas menos «privilegiadas» que él y estar en posición de ayudar a los demás, de hacer un bien. Así compensa su acción negativa y puede recuperar la autoestima.

¿Cómo?

Por ejemplo, en función de la edad del niño y de las circunstancias, se le puede proponer:

- Que regale algunos de sus juguetes o de sus libros preferidos a una asociación o a un hospital de niños.
- Que trabaje como voluntario durante una semana en una institución para niños discapacitados.
- Participar en una colecta pública en beneficio de la Cruz Roja o una protectora de animales.
- Hacerle un favor duradero al niño al que ha hecho daño, alimentar durante un mes al animal al que ha maltratado, etcétera.

92 Evita los azotes, las bofetadas y los golpes

«Los azotes son muy estresantes para el niño, que, además, se acostumbra a esta forma de comunicación violenta. Hay otras maneras de imponer límites. Regañar, retirar un privilegio, reparar el daño causado... es mucho más eficaz. Jamás hay un azote bien dado.»

Jacqueline Cornet, fundadora de Educar sin azotes

Por lo general, los castigos corporales son una mala manera de poner fin a una conducta no deseada. Es la peor forma de castigo y en ningún caso podemos considerarlo un método educativo. Sin embargo, no podemos negar que se sigue usando con mucha frecuencia, si bien con bastante sensación de culpa...

No creas en el valor educativo de los azotes...

Pegar a un niño es pegar a un niño, ya sea en el trasero, en la mejilla, en la mano o en cualquier otro lugar. Siempre es el adulto, grande y fuerte, el que pega al niño, más pequeño e incapaz de defenderse. Con frecuencia, sucede porque el adulto está muy nervioso y pierde los estribos. No podemos decir que sea un buen ejemplo. Imagina que el director de la escuela de tu hijo te convoca para decirte que tu hijo de once años ha dedicado toda una hora de patio a desahogar los nervios pegando a un niño de seis. ¿Qué te parecería? ¿Acaso no es la misma situación? Desde el punto de vista del niño, no hay mucha diferencia. Muchas veces, cuando ven actuar a los padres, desean imitarlos. Si no quieres transmitir el mensaje de que la mejor manera de poner fin a un conflicto es pegar al otro, **no pegues a tu hijo**.

... y tampoco en su eficacia

Las azotainas son ineficaces. Todos los estudios lo han confirmado. Los azotes duelen, pero no mejoran el comportamiento. Y si no duelen, no tienen sentido. Los padres se dan cuenta por sí mismos: cuanto más azotan a sus hijos, más se ven obligados a azotarlos.

¿Cuál es el problema?

Los azotes no apuntan a la conducta o a la acción reprensible, sino a la persona. El mecanismo es muy sencillo: un niño que se encuentra bien, actúa bien; un niño al que se acaba de azotar se encuentra mal, rechazado y poco querido. Este malestar se trasladará a su conducta, que cada vez será más provocadora. Es una manera de preguntar: «¿Me quieres aunque desobedezca?». Cuanto más provoca, más azotes recibe, más rechazado se siente, más enfadado está y más malo se cree. Y, entonces, presenta más conductas negativas. Es un círculo vicioso.

Lo único que los padres consiguen con los azotes es aliviar su propia tensión. Hay métodos igualmente eficaces y mucho mejores como herramienta pedagógica: golpear una almohada o salir a correr, por ejemplo.

Los azotes no son eficaces porque no enseñan nada. Aunque el niño cese su conducta y obedezca, lo hace por miedo y porque se somete a la fuerza del adulto, no a la razón. Las causas de los conflictos no resueltos siguen ahí, listas para producir los mismos efectos la próxima vez.

Para terminar, los azotes no tardan en perder todo su poder. No pasan muchos días antes de que el niño, tras el azote o la bofetada, nos mire a los ojos y nos diga: «Me da igual. Ni siquiera me duele». ¿Qué hacemos entonces? Ante tamaña insolencia, ¿volvemos a empezar hasta que le duela? ¿O quizá sería mejor que buscáramos otra manera de hacernos oír?

Aunque se den en frío

Hay pedagogos que recomiendan los azotes, siempre que se den «en frío», cuando los padres ya no estén enfadados. Es cierto que azotar al niño cuando estamos encolerizados es peligroso, porque podemos ser mucho más violentos de lo previsto. El único objetivo de la azotaina es que el padre o la madre puedan desahogarse. Hiere y humilla al niño, pero también le proporciona la satisfacción interna de saber que ha conseguido que sus padres pierdan los estribos. Así, no siente que lo ha perdido todo.

Sin embargo, ¿qué son unos azotes sin cólera? Aunque la azotaina sea menos peligrosa, parece cruel y calculadora. La mayoría de padres azotan sin habérselo propuesto, y si hubieran sabido cómo evitarlo, probablemente lo habrían hecho encantados. Azotar sin ira significa decidir fríamente hacer daño al niño, una actitud inimaginable para la mayoría de padres y madres que quieren a sus hijos. Un castigo físico aplicado fríamente, en nombre del bienestar del niño, ya sea con la mano o con un objeto, es un abuso que puede causar gran perjuicio.

93 Recupérate después de la azotaina

Los azotes desahogan la irritación del adulto, permiten recuperar el poder perdido y detienen la conducta del niño. Y, en este aspecto, es una muestra de debilidad, porque significa que el resto de métodos han fracasado.

Ya has visto que mi postura es muy clara. Sin embargo, que tire la primera piedra el padre o la madre que jamás le haya dado el menor azote o golpe en la mano a su hijo...

¿Cómo podemos reconducir la situación una vez que el conflicto, la provocación del niño y la insistencia de todas las partes han desembocado en un azote o en un bofetón?

No te fustigues

Tanto el azote como el bofetón presentan muchos inconvenientes. Además de los que ya hemos mencionado, devalúan al niño, al padre y a la relación entre ambos.

El niño se siente mal, cree que es malo y que se merece los azotes. Nada de eso contribuye en absoluto a mejorar su autoestima y, por lo tanto, su conducta.

El padre es incapaz de controlar sus emociones y de conseguir que su hijo obedezca a no ser que lo azote. Es una confesión de debilidad. Tanto a sus propios ojos como a los de su hijo cuando éste crece.

La calidad de la relación no mejora en absoluto si los desacuerdos se gestionan mediante la violencia. ¿Dónde quedan el respeto, la confianza y el afecto recíprocos?

El azote como último recurso

Sería absurdo meter en el mismo saco la azotaina suave propinada a un niño de dos años en el seno de una familia afectuosa y cálida y los golpes de cinturón administrados con regularidad a un adolescente.

La azotaina no será jamás un método educativo ni puede ser la manera habitual de ejercer la disciplina, pero a veces se presenta como el último recurso ante una situación urgente. Sí, cierto, es señal de impotencia, pero ¿acaso no nos hemos sentido así alguna vez? No es traumatizante siempre que sea suave y poco frecuente. Se da como una confirmación de que los padres están muy convencidos de lo que dicen. A veces aclara el ambiente, porque pone fin a un conflicto.

La «mejor», la más inofensiva es «¡Pam!», «¡ay!», y se pasa página.

Reconciliaos

El niño sabe muy bien que ha llevado a su padre al límite y que ha puesto furiosa a su madre. Y sabe por qué. Con frecuencia se lo ha avisado y quiere comprobar si se lo decían en serio. Le han dicho: «¡Como sigas así, te vas a ganar unos azotes!». Y ha seguido así, porque quería confirmar que no eran palabras vanas. Todos los niños, incluso los mejor intencionados, sienten antes o después la necesidad de verificar que sus padres no se han olvidado de que hace un tiempo le prohibieron algo o de manifestar su ira de un modo insolente y provocador.

¿Cómo?

Más adelante, cuando la crisis ha quedado atrás, se pueden dar explicaciones, si son necesarias. Sin embargo, no hay que pedir excusas. Basta con una frase como: «Siento mucho haber llegado a ese extremo, estaba fuera de mis casillas, y tú también. La próxima vez lo haremos mejor». No sirve de nada alargarse en las explicaciones, que no justifican nada más que la culpabilidad. Nadie puede exigir a los padres que mantengan la calma y la serenidad en todo momento.

Lo fundamental es que hagáis las paces y paséis a otra cosa.

94 No te dejes impresionar ni intimidar

Los niños tienen una capacidad innata para hacer ver a los padres lo desgraciados que son... Disponen de un amplio abanico de técnicas destinadas a hacer que los padres se sientan culpables o a incordiarlos hasta conseguir lo que quieren.

Le has prohibido a tu hijo que haga algo. Has exigido obediencia. Lo has castigado porque no te ha obedecido... Y la reacción del niño se hace sentir inmediatamente. Súbitamente, dudas de ti mismo. ¿No habrás sido demasiado severo?

Las «técnicas» para hacer que te sientas culpable

- Rabietas aparatosas, sobre todo en público.
- Lágrimas que enternecerían hasta al corazón más duro.
- Quejas: «¡Siempre te metes conmigo!».
- Golpes.
- Mohines, mal humor durante días.
- Manipulación emocional: «¡Te odio!», «¡Nadie me quiere!».
- Amenazas: «¡Me iré para siempre!», «¡Me suicidaré!».
- Promesas: «Te prometo que no te pediré nada más, mamá, va... que te quiero mucho».
- Y otros grandes clásicos...

¡Resistirse es muy difícil! E indispensable.

No te sientas culpable

«¡Todos mis amigos tienen la PlayStation nueva menos yo!», «¡Mis zapatillas de deporte son feas! Todos se ríen de mí. Quiero unas de marca». Lo siento mucho, pero no, esto no entra en el programa del día. No te sientas culpable: los deseos no siempre se cumplen. ¿Habíais previsto pararos en el tiovivo al volver a casa? Hacedlo. ¿Tu hijo lo exige llorando y tirándose al suelo? Id directo a casa.

¿Por qué?

Porque si cedes, sólo conseguirás malcriar a tu hijo y socavar tu propia autoridad. No se es mejor padre o madre porque se dé más (ya sean objetos o permisos).

Frustrar los deseos del niño es una labor educativa. La frustración es inevitable: si accedes a la demanda de tu hijo, jamás lograrás satisfacerlo, porque entonces te pedirá otra cosa. ¿Por qué? Porque quiere saber dónde está el límite. Eres tú quien debe decirle «ya vale». Así cumples con tu deber de padre, y eso es mucho mejor que dejar que la vida lo haga por ti.

Por desgracia, tus hijos no te agradecerán que los eduques correctamente (bueno, seguramente sí, pero dentro de veinte años). Muy al contrario: te pondrán a prueba y te manipularán para intentar salirse con la suya.

No seas crédulo

Las rabietas de los niños suponen tal puesta en escena con el objetivo de impresionar al público que, en ocasiones, las comparo con un espectáculo de Broadway.

Una de las maneras más fáciles de llamar la atención es tener un ataque de ira, una buena rabieta en una de sus múltiples variantes: gritos que atraviesan el tímpano, espasmos y ahogamientos (el niño retiene la respiración y se pone azul), agresiones (golpea a quienes se le acercan), autolesiones (se golpea la cabeza contra el suelo, se muerde), vómitos, hipo interminable, etcétera.

La ira de los niños pequeños (entre los dieciocho meses y los cuatro años de edad), que se desata ante la más mínima prohibición o limitación, tiene una dimensión de espectáculo evidente. La ira se pone en escena con el objetivo de lograr el máximo efecto posible, que el niño es capaz de evaluar con gran sensibilidad. Por eso funcionan mucho mejor en público. Los pasillos del supermercado y los parques infantiles son escenarios formidables. Sin embargo, también les puede bastar un público reducido y familiar. De un modo u otro, debe haber un público presente y cautivo: un espectáculo sin espectadores es un fracaso irremediable. ¿Mamá sale de la habitación porque Junior le está dando dolor de cabeza? Junior la sigue hasta la habitación de al lado y vuelve a llorar por los muñecos.

No, no eres mal padre ni mala madre porque tu autoridad provoque estas reacciones en tu hijo. No seas crédulo. Que tu hijo llore a moco tendido no significa que esté triste. Todo volverá a la normalidad en cuanto os reconciliéis.

95 Corrígelo también en público

Las normas son las normas, tanto si estáis en casa como en el parque, en el restaurante o en el supermercado.

No hay nada más complicado que tener que enfadarse y reaccionar en público ante la mala conducta del niño. No hay nada más desagradable, ni para los padres ni para los testigos, que un niño que estalla en cólera, se tira al suelo y empieza a gritar en el supermercado, en el tren o en cualquier otro sitio. Los niños lo saben perfectamente y se aprovechan de ello.

Anticipa el problema

Seguramente conoces a tu hijo lo bastante bien como para saber qué situaciones pueden resultar problemáticas. Tienes dos posibilidades:

- **Evitarlas.**
Si sabes que tu hijo no tolera la frustración o que se pone imposible si tiene que permanecer sentado más de diez minutos seguidos, evita llevarlo contigo cuando vayas de tiendas, al restaurante o al cine hasta que crezca un poco. Desconfía especialmente de los días en que esté cansado.

- **Prepararlas.**
Si sabes que tu hijo es capaz de portarse bien en determinadas condiciones, intenta propiciarlas. También puedes avisarlo: «Vamos a ir al dentista y tendremos que estar allí una media hora. Si juegas tranquilamente mientras me esperas, de camino a casa nos pararemos en el tiovivo. Si te portas mal, iremos a casa directamente». ¿Te parece un chantaje? En absoluto.

Lo que haces es fomentar el esfuerzo y reforzar una motivación que era insuficiente. Funcionará con una sola condición: si tu hijo empieza a portarse mal, debes estar dispuesto a volver a casa directamente, sin más comentario que: «Sé que querías mantener la calma y portarte bien, y te agradezco que lo hayas intentado. Sin embargo, no ha sido suficiente, así que volvemos a casa. Hoy no hay tiovivo».

Gestiona la situación in situ

A veces, volver a casa inmediatamente es inviable.

¿Qué se puede hacer?

- Ignorar explícitamente al niño y acabar las compras tan rápido como te sea posible.
- Contar hasta tres e imponerle una pausa obligada en un rincón de la tienda o en el coche (obviamente, contigo al lado).
- Retirarle un privilegio, como caminar junto al carro de la compra o sentarse dentro.

Evita

- Ceder para recuperar la paz.
- Amenazarlo con consecuencias que no podrás aplicar.
- Para los más pequeños, prometer que lo castigarás luego, cuando lleguéis a casa.

96 Pide perdón

Enseña a tus hijos a disculparse con sinceridad.

Es lo que solemos hacer. Cuando tu hijo se porta mal, le ha hecho daño a alguien, ha dado un empujón, ha robado algo... le exiges que se disculpe con la víctima, ya sea otro niño, un adulto o tú mismo. Forma parte de la educación. Sin embargo, se trata de un arma de doble filo. El perdón exige reflexión.

Sé un modelo

Pedir disculpas forma parte de las buenas maneras, así que tu hijo aprenderá espontáneamente de ti. Le das un empujón a alguien, te olvidas de algo... y te disculpas. Tu hijo ve cómo lo haces. Y es mucho más valioso si él está implicado: «Ayer te prometí que jugaríamos a las cartas, pero llegué muy tarde del trabajo y ya dormías. Lo siento mucho. ¿Quieres que juguemos ahora?».

Cuando perjudicamos a otra persona tenemos que ser capaces de reconocerlo, intentar remediarlo y pedir disculpas. Si tu hijo se ha portado mal con un amigo o con un hermano o hermana, pídele que se disculpe. Así es como perdonamos y ponemos el contador «a cero».

De este modo, tu hijo aprende a tener en cuenta la sensibilidad y las emociones de los demás.

Atención a la hipocresía

A un niño le resulta muy fácil pronunciar un «lo siento» rápidamente y en absoluto sincero, sólo porque lo obligan a ello si quiere que lo absuelvan y firmar la paz. Es lo que sucede con los niños que discuten y se pelean y a quienes se les exigen disculpas recíprocas... ¿Crees de verdad que serán sinceras?

Ten en cuenta que muchas de las disculpas exigidas no son más que un ejercicio de hipocresía. El niño las entiende como parte del castigo. Pronuncia las palabras sin sentirlas interiormente y no aprende nada acerca de la empatía.

No pedimos disculpas para que nos dejen tranquilos. Pedir disculpas sólo tiene interés si se hace con sinceridad, es decir, cuando se pronuncian en frío, una vez hemos tenido la oportunidad de reflexionar sobre el incidente.

¿Cómo?

Para conseguirlo, no se trata de pedirle al niño que pronuncie sus disculpas de forma automática. Hay que enseñarle a ponerse en el lugar del otro y a reflexionar sobre lo que ha hecho. «¿Qué habrías pensado si alguien te hubiese quitado el camión y te lo hubiera roto? ¿Qué esperarías de él? ¿Cómo podrías perdonarlo?»

97 Actúa en caso de conflicto abierto

El conflicto abierto es el peor momento para discutir o razonar.

¿Cómo podemos intervenir cuando el niño pierde el control sobre sí mismo?

Para empezar, ofrece una alternativa

La idea es hacerle entender que puede controlar sus reacciones.

¿Cómo?

No es sólo que el niño pueda elegir, sino que tú confías en que decidirá correctamente. Le dices que puede controlar sus emociones si así lo desea. Y va en su propio interés.

«Tienes que salir de la bañera de una manera o de otra. Puedes tener una rabieta o coger el osito y darle un abrazo, que me ha dicho que necesita uno.»

«Ya sé que no quieres, pero tienes que acostarte. Tú eliges. Puedes enfadarte y yo me vuelvo directamente al comedor, o puedes no enfadarte y yo me quedo para leerte un cuento.»

Si la ira prosigue y empeora, espera hasta que termine y dile:

«Sé que has intentado no enfadarte y te lo agradezco. Hoy ha sido demasiado difícil, quizá lo consigas la próxima vez.»

Acepta el llanto

La mejor manera de ayudar al niño a tolerar la frustración y la impotencia es expresar nuestra negativa directamente, pero acompañada de ternura y comprensión. Esto puede provocar que el niño llore. Es habitual que los conflictos abiertos entre padres e hijos acaben con las lágrimas de los últimos. Aunque no lo parezca, es positivo. Significa que el niño ha aceptado abandonar la actitud agresiva y de oposición. Se somete y se relaja con las lágrimas.

Ayudar al niño a tener acceso a las lágrimas de impotencia, que señalan la aceptación y la sumisión a la realidad tal y como es, puede ser de valor incalculable.

¿Cómo?

Demostrándole que entendemos los impulsos contradictorios que lo embargan (tener razón y tener la última palabra, pero también obedecer y ser amable) y que sabemos con toda seguridad que tiene «buen fondo». Insiste en que mientras sea un niño, eres tú quien decide las normas, las conductas que hay que aplicar y sus consecuencias, por su bien y por su seguridad. Es la realidad que debe aceptar.

Envuélvelo con tus brazos si es pequeño

La técnica consiste en contener físicamente al niño en plena rabieta descontrolada. Grita, se agita en todos los sentidos, golpea a todo el que se le acerca...; cuando los niños pequeños llegan a este estado, no controlan nada. Es como si estallaran interiormente. La agresividad señala que no ha conseguido adaptarse a la realidad de cómo son las cosas.

¿Qué se puede hacer?

Abrázalo, conténlo y aprиétalo contra ti. No debe ser en absoluto doloroso para el niño. Sencillamente, se trata de impedir los movimientos bruscos. Cuando hayan transcurrido unos instantes, puedes sentarte en un sofá y acunarlo ligeramente mientras le cantas al oído.

Gracias a tu tranquilidad, el niño recuperará la suya. Apoyado en ti, se dará cuenta de que tiene la situación controlada y de que te quiere aunque se haya enfadado tanto contigo.

Cuando se haya tranquilizado, dile: «Qué bien, has conseguido calmarte tú solito. Eso está muy bien. Has dejado de llorar, te has acunado conmigo, has respirado profundamente, y ahora te encuentras mejor».

98 No lo avergüences, ni lo humilles ni le hagas daño

«Una forma de humillación frecuente consiste en negarse a prestar atención. El niño hace una pregunta o pide algo a un adulto significativo para él y, o bien no recibe respuesta alguna o bien se le responde de forma distraída o irritada. Esta forma de humillación acaba por poner en duda la propia existencia de la persona en tanto que tal.»

Marco W. Battachi[1]

Las consecuencias para el niño son tan desastrosas que hay que evitarlo bajo todos los conceptos. Además, hay métodos mucho más eficaces y rápidos.

Respeta su ser más profundo

Avergonzar a un niño por lo que ha hecho, es decir, por lo que es, resulta muy cruel, sobre todo cuando se hace en público.

¿Por qué?

El niño se convencerá de que es «malo», pero ¿cómo lo ayudará eso a mejorar? De ninguna manera. Sencillamente, tendrá una pésima imagen de sí mismo. También es posible que te guarde rencor y que espere su momento para tomarse la revancha. Si lo avergüenzas en público y te pones del lado de quienes se ríen de él, le enseñas a tener en cuenta la opinión de los demás por encima de la suya. Y eso es lo que lo aleja de la autodisciplina.

1. Battachi, M. W., *Revue Enfance,* 1993, p. 46.

No hagas que se sienta culpable

Borra de tu repertorio las frases del tipo: «¡Después de todo lo que he hecho por ti!» o «¡Has puesto triste a mamá!». El niño tiene que tener sus propias experiencias y vivir su vida independientemente de la tuya. Es muy peligroso alentar el sentimiento de culpabilidad del niño; cuando crezca, le será muy difícil deshacerse de él.

Si le dices: «¡Me pones enfermo!» o su variante más grave: «¡Este niño acabará matándome!», creerá que es así. Con este tipo de frases generas una angustia y un sentimiento de culpabilidad que le resultan muy pesados. Limítate a decirle: «¡Me agotas!», que es suficiente y que le abre la puerta a poder relajarse un rato.

La sabiduría popular aconseja contar hasta diez antes de hablar. ¿Y si antes de pronunciar palabras que duelen y que luego lamentamos, intentáramos calmarnos y respirar hondo, para darnos el tiempo de encontrar una formulación más afortunada y respetuosa?

No pronuncies palabras hirientes

Las palabras pueden hacer tanto daño, e incluso más, que una buena azotaina. Hay palabras, sobre todo si se repiten, que pueden herir a un niño tanto como los castigos corporales. Las palabras que les decimos a nuestros hijos cuando estamos muy enfadados o cansados, cuando estamos al límite y no podemos pensar demasiado, pueden hacer mucho daño.

¿Por qué?

Una vez calmado, el que ha pronunciado las palabras se olvida o las lamenta. El que las ha escuchado, las guarda en el corazón durante mucho tiempo, donde trazan un sendero venenoso, como una herida secreta.

Solemos pensar que los niños, como son pequeños y despreocupados, no nos entienden del todo o se olvidan pronto de lo que les hemos dicho. Como nos interesa creerlo, hacemos como si no supiéramos el daño que pueden causar las palabras demasiado fuertes.

Algunas frases detienen el impulso vital del niño, otras afectan a la confianza en sí mismo, pero todas le hacen daño, porque lo hieren en su sensibilidad y en el amor que nos profesa. «¡Déjame!», «¡No seas tonto!», «¡Me agobias!»: digamos lo que le digamos, el niño nos creerá, porque somos sus padres. Nos toman al pie de la letra. Por lo tanto, debemos tener mucho cuidado con lo que decimos.

99 Evita las amenazas graves

Las amenazas excesivas, que luego no se aplican jamás y que, por lo tanto, están vacías de significado, hacen que la palabra de los padres pierda todo su valor.

Las amenazas no son eficaces a largo plazo cuando hablamos de disciplina. Además, también son palabras que pueden hacer daño. Por lo tanto, hay que evitarlas o usarlas con gran prudencia.

Avisa de las consecuencias

Es conveniente que, de forma preventiva, le recuerdes la norma al niño y lo avises de lo que puede suceder si la transgrede.

¿Cómo?

«Si sigues lanzando el camión contra la ventana, significa que hoy no puedes jugar tranquilamente y te lo confiscaré hasta mañana.»

Este tipo de advertencia le recuerda al niño cómo debe comportarse: así, tiene la oportunidad de reflexionar sobre las consecuencias de sus actos y ve que puedes ayudarlo a portarse bien. Por supuesto, si vuelve a lanzar el camión, se queda sin él hasta mañana. El niño necesita aprender qué conductas son inaceptables, dónde están los límites y qué pasa si va demasiado lejos.

No lances amenazas que no estés dispuesto a cumplir

No se trata en absoluto de amenazar constantemente al niño para que se esté quieto. Las amenazas vanas y de cumplimiento incierto son tan inútiles como ineficaces: el niño no las entenderá y no modificará su conducta en consecuencia.

¿Por qué?

«Como sigas, verás.» Seguirá, precisamente para ver.

«Ya verás cuando llegue tu madre esta tarde...» Si el niño ha hecho una travesura, hay que castigarlo inmediatamente, hacer las paces y olvidar el asunto. Sin contar con que es muy poco probable que a la madre le haga gracia tener que hacer de «poli malo» después de todo un día de trabajo.

«¡Te lo advierto, me acordaré de esto!» Los problemas se resuelven al instante. Amenazar o atemorizar al niño para vengarse u obtener alguna cosa, en lugar de apelar a lo mejor de él, equivale a activar mecanismos que son como bombas de relojería.

Las amenazas excesivas, como: «Para inmediatamente o te bajo del coche y me voy sin ti», «Si no te portas bien, los Reyes no te traerán nada» son una forma banal, pero infantil y perjudicial, de aplicar la disciplina.

No sirve de nada amenazarlo con no ir al parque de atracciones si habéis comprado las entradas anticipadamente. Tu hijo aprenderá que tus amenazas no significan nada. Es muy importante que si dices que pasará algo, pase de verdad. Vale más no lanzar amenazas al aire o bajo los efectos de la ira.

No lo asustes

No se educa a los niños con amenazas y miedo.

¿Por qué?

Le será imposible crecer con serenidad si lo llaman al orden constantemente con amenazas. Amenazar a un niño con abandonarlo, azotarlo, encerrarlo o dejar de quererlo es cruel.

Los niños más pequeños pueden creerte. Y, de ser así, pueden quedar traumatizados de verdad. He visto a niños que tienen pesadillas recurrentes y a otros que sufren una gran angustia de abandono.

100 Sal de escena y respira

«El silencio no se nos da en vano, se nos da para nutrirnos.»

ARVO PART

Recuerda que para pelearse hacen falta dos (como mínimo). Si sales de la habitación o te alejas del lugar del conflicto, éste se acabará por falta de combatientes.

Debes saber retirarte a tiempo

La presencia de los padres alimenta el conflicto. Y la cólera. Los padres son el público. Y sin público, no hay espectáculo.

¿Por qué?

En todas las rabietas hay una gran parte de espectáculo que debemos tener en cuenta. La puesta en escena es fundamental. Todos los detalles están concebidos para influir sobre los espectadores en el sentido deseado por el niño, y su reacción determina tanto la evolución como la duración de las representaciones. En la vida, si un espectáculo no consigue atraer al público, baja el telón definitivamente. Lo mismo sucede con los estallidos de ira.

La mejor reacción ante una cólera incipiente es que desaparezca el público.

¿Cómo?

En casa, salir de la habitación y retomar las tareas cotidianas suele ser suficiente. ¿Te persigue para volver a berrear y lanzarse a tus pies? Decreta una pausa obligada y envíalo unos minutos a su habitación, con amabilidad pero con firmeza, y dile que podrá salir en cuanto se calme.

En público, ya sea en una tienda o en la calle, si no puedes apartarte temporalmente, siempre puedes dejar de prestarle atención. Es muy difícil no oír a un niño que grita. Por suerte, hacer como si no lo oyéramos funciona igual de bien.

Con los más mayores, salir de la habitación y, por lo tanto, negarse a seguir discutiendo, también presenta muchas ventajas. Con este gesto, manifiestas que ya has dicho todo lo que tenías que decir y cedido todo lo que tenías que ceder. Al marcharte, deja al niño a solas con la norma que hayas decidido, sin nadie a quien pueda protestar. «Mete los juguetes en la caja ahora mismo. Volveré en diez minutos para comprobar que lo has hecho.»

Aprovecha para descansar

Cuando se convive con un niño difícil, es normal que, de vez en cuando, tengamos la sensación de haber agotado todas nuestras reservas de paciencia. Sentimos que estamos a punto de decir o de hacer cosas que luego lamentaremos. **Salir de la escena del conflicto nos da, precisamente, la oportunidad soñada de respirar con tranquilidad y de recuperar la calma y el control sobre nosotros mismos.**

Cuando envíes a tus hijos a una pausa obligada, aunque sólo sea durante unos minutos, aprovecha para hacer lo mismo y aislarte en una habitación tranquila. Es el momento de recuperar el humor y la racionalidad, de dar un paso atrás y de dejar pasar la ira, sin verterla sobre el niño. Prepárate una taza de té, riega los rosales o dúchate, lo que más te relaje.

No te sientas culpable. Enséñale a tu hijo a detectar los momentos de tensión y a gestionarlos

Conclusión
Los puntos clave de la disciplina

Llegamos al final de un largo camino.
100 ideas para que tus hijos te obedezcan (sin gritos ni amenazas). Espero sinceramente que algunos de los consejos te hayan resultado útiles y hayan funcionado. Gracias a estos consejos, el ambiente en casa será mucho más relajado. Los gritos, los insultos y la violencia no tienen cabida en el seno de la familia, entre personas que se quieren y se respetan.

De todos modos, sé **paciente contigo mismo**: educar a los hijos puede llegar a ser muy complicado y somete a los nervios a una dura prueba de resistencia. Es posible que necesites aún algo de tiempo y de ayuda para acabar de recorrer el camino que tienes por delante. Todos los padres que quieren a sus hijos lo hacen lo mejor que pueden. Eso no significa que no puedan cometer errores. Y menos mal: **¡unos padres perfectos serían perfectamente insoportables!**

Para terminar, los diez puntos fundamentales:

1. Un niño sin una disciplina firme y coherente no se siente querido. No se siente seguro. No adquiere confianza en sí mismo. Cuando llega a la adolescencia, normalmente se promete que será más severo con sus hijos.

2. La disciplina es un conjunto limitado y razonable de normas claras y coherentes, asociadas a consecuencias que se aplican cuando se cumplen o se transgreden.

3. Las normas deben partir del conocimiento del niño, de su personalidad y de lo que es capaz de hacer a su edad.

4. La aplicación de las normas es ingrata, porque el niño no lo agradece jamás... ¡O lo hace muchos años después! Por lo tanto, no queda más remedio que aguantar que los niños estén descontentos y que nos lo hagan saber ruidosamente.
5. La autoridad se apoya en la tranquilidad y la calma. En la confianza en las propias capacidades educativas y en la certeza de que seremos obedecidos.
6. La autoridad se ejerce mediante actos. No mediante discursos o explicaciones interminables.
7. Autoridad y autorizar comparten la misma raíz. Cuando es que sí, es que sí; cuando es que no, es que no..., así de sencillo. El niño no entiende las medias tintas.
8. La educación funciona mejor cuando los padres se muestran positivos, entusiastas y alegres y se centran en lo que sus hijos hacen bien.
9. No educamos para satisfacer el instante inmediato, sino con una visión a largo plazo, para construir adultos sanos, sólidos y contentos con su vida. Para que un día podamos decir de nuestros nietos: «es un buen chico», «es una niña encantadora...».
10. Los niños ocupan un lugar muy importante, pero no todo el lugar. No se sitúan «entre» los padres, sino en la periferia de la pareja. La pareja conyugal, previa a la pareja de padres, sigue existiendo. Tiene derecho al descanso, al sueño, al placer y a la intimidad...

Título de la edición original: *100 façons de se faire obéir (sans cris ni fessées)*
Traducción del francés: Montserrat Asensio Fernández,
cedida por Espasa Libros, S. L. U.

Diseño de la cubierta: Eva Mutter
Imagen de la cubierta: shutterstock

Círculo de Lectores, S. A. U.
Av. Diagonal, 662-664, 08034 Barcelona
www.circulo.es
1 3 5 7 9 5 1 0 7 8 6 4 2

Licencia editorial para Círculo de Lectores
por cortesía de Espasa Libros, S. L. U.

Depósito legal: B.15443-2015
Impresión y encuadernación: Cayfosa (Impresia Ibérica)
Barcelona, 2015. Impreso en España
ISBN 978-84-672-6438-8
N.º 30077